DenDennis' total verrückte

Häkelfreunde

Die süßesten Antihelden aller Zeiten

DENDENNIS
AMIGURUMIST

IMPRESSUM

Tirion Uitgevers
Postbus 13288
3507 LG Utrecht
www.tirion.nl

Häkelanleitungen und Design: Dennis van den Brink, www.dendennis.nl
Projektkoordination der deutschen Ausgabe: Anna Zwicklbauer
Übersetzung: Katrin Lischke-Przygode, Lingenfeld
Lektorat: no:vum, Susanne Noll, Hennef
Fotos: Sterstijl, www.sterstijl.nl
Druck: Finidr s.r.o., Tschechische Republik

2. Auflage 2014
ISBN der deutschen Ausgabe: 978-3-7724-6373-0

Vorwort

Ich war schon immer kreativ, doch zum Häkeln kam ich erst spät. Bereits als Kind malte ich oft mit meinem Bruder und experimentierte mit Origami. Um meinen 18. Geburtstag herum hatte ich nur noch tolle Unterrichtsfächer: Zeichnen, Werken, textile Arbeitsformen, Grafikdesign, Niederländisch und Englisch. Nach einem fehlgeschlagenen Versuch, Zeichenlehrer zu werden, führe ich nun seit 2006 mit einem sehr guten Freund ein Designstudio, das Creatief Bureau De Hazen.

2012 lernte ich mit viel Hilfe von YouTube und meiner Mutter häkeln, und so kann ich alle meine Zeichnungen, Entwürfe und Ideen umsetzen und lebendig werden lassen. Auf Instagram veröffentlichte ich meine ersten Fotos von meinen Amigurumis und erhielt sehr lustige und positive Reaktionen – immer mehr Followers kamen dazu. Bald trafen die ersten Anfragen ein, ob ich auch Anleitungen erstelle und wo man sie kaufen könne. Nach dem Verkauf der ersten Anleitungen fragte Echtstudio an, ob ich die Anleitungen auch auf Niederländisch über ihre Website verkaufen wolle, und danach trat Tirion mit der Idee an mich heran, ein Buch mit Anleitungen herauszubringen und nun erscheint es auch in Deutschland.

Dank des enormen Ansporns von Echtstudio und des Tirion Verlags sowie der Häkelhilfe meiner Mutter habe ich es geschafft, aus meinen eigenen Kreationen und Fantasien ein Buch zu machen. Ich wünsche euch damit viel Häkelspaß!

Liebe Grüße, Dennis

WWW.DENDENNIS.NL

FACEBOOK.COM/DENDENNISAMIGURUMI

INSTAGRAM.COM/DENDENNIS

Einleitung

Dieses Buch erzählt von DenDennis, einem wundersamen Kerlchen, ja fast schon Eigenbrötler. Er lebt in seiner eigenen Welt und hört manchmal die verrücktesten Wörter, z. B. Eigenbrötler – das ist doch wirklich ein seltsames Wort, oder? Was soll das sein, ein Eigenbrötler? Jemand, der ein eigenes Brot hat? Solche Fragen stellt sich DenDennis oft.

In diesem Buch wird die Fantasiewelt von DenDennis lebendig. Viele Figuren tragen Namen, die er oft in seiner Umgebung gehört hat. Da ist etwa der Nadel-Ninja, der als „Geitenbreier" im niederländischen Kinderprogramm zu sehen ist, oder das Suppenhuhn, das DenDennis in dem Lied von Ernst und Bobbie lieben lernte. Doch es kommen auch ein paar andere vorbei wie Schlafmütz', Kumpel, Quasselkopp oder Katzenlady. Das sind seine Antihelden.

Inhaltsverzeichnis

Allgemeine Hinweise

Kuscheltiere müssen sich richtig weich anfühlen und Amigurumis, die vor allem lustig und/oder dämlich gucken, stellt man oft auch hin oder spielt damit. Deshalb habe ich in den Anleitungen hauptsächlich Schachenmayr original Catania verwendet. So werden die Amigurumis nicht nur kuschelig weich, sondern auch etwas fester und lassen sich besser hinstellen.

Meist benutze ich eine kleinere Häkelnadel, als auf der Wolle angegeben ist – so vermeide ich Löcher in der Häkelarbeit, und die Füllung bleibt unsichtbar. Als Füllmaterial verwende ich waschbare Füllwatte, die in jedem Handarbeitsgeschäft erhältlich ist.

Die Häkeltiere können unterschiedlich groß ausfallen, je nachdem, wie dick die Wolle und wie groß die Häkelnadel ist und wie fest oder locker du häkelst. Manchmal Häkle ich fest und ein anderes Mal wieder lockerer, so sind meine Figuren oft ganz unterschiedlich groß.

In den meisten Anleitungen verwende ich Sicherheitsaugen und bei einigen sogar Sicherheitsnasen, damit sie nicht so leicht abfallen. Wenn du überhaupt kein Risiko eingehen möchtest, kannst du die Augen und auch die Nasen mit einem anderen Garn aufsticken.

Jeder hat seine eigene Art zu häkeln, das gefällt mir an diesem Hobby so gut. Ich selbst habe noch nie zwei identische Amigurumis gearbeitet. So wird jedes Amigurumi ein individuelles Einzelstück. Manche Häkler empfehlen, die einzelnen Teile erst mit Stecknadeln festzustecken, bevor sie richtig festgenäht werden. Aber das habe ich – ehrlich gesagt – noch nie gemacht. Ich nähe die Teile meist nach Gefühl direkt an den Körper. Und eigentlich ist es doch witzig, wenn ein Arm oder Bein nicht ganz gerade sitzt!

Alle von mir verwendeten Materialien findest du unter www.coatsgmbh.de und in allen gut sortierten Handarbeitsläden.

SCHACHENMAYR ORIGINAL CATANIA

Dieses Garn lässt sich wunderbar verarbeiten; es besteht zu 100 % aus Baumwolle. Catania hat auch einen hübschen Glanz. Das Garn gibt es in einer großen Farbauswahl. Die Wolle ist einfach ideal für Amigurumis!

SCHACHENMAYR ORIGINAL CATANIA GRANDE

Ist nicht ohne Grund der große Brunder der Catania. Dieses Garn ist doppelt so dick, wird doppelt so schnell verhäkelt und man hat doppelte Freude damit. Wie die dünnere Catania glänzt auch Catania Grande sehr schön und besteht zu 100 % aus Baumwolle.

SCHACHENMAYR ORIGINAL BRAZILIA

100 % Polyester und flauschig. Eignet sich perfekt für Haare wie bei DenDennis. Lässt sich nicht ganz so einfach verarbeiten, aber wenn du etwas lockerer und bei Tageslicht arbeitest, kannst du die Maschen gut erkennen.

SCHACHENMAYR ORIGINAL TABBY

Tabby ist kuschelig weich – ideal für den Mantel des Nadel-Ninjas. Auch die Ziegen, denen der Nadel-Ninja Pullover fertigt, freuen sich sicher über ihren neuen Kuschelkomfort. Dieses Garn lässt sich, ähnlich wie Brazilia, auch nicht ganz so einfach verhäkeln, aber mit etwas Geduld geht es schon viel einfacher.

HÄKELNADELN

Alle Amigurumis in diesem Buch wurden mit Häkelnadeln der Stärke 2,0 mm und 3,0 mm gehäkelt – selbst bei den schwierigeren Wollsorten, auch wenn ich hier empfehle, eine größere Häkelnadel zu nehmen. Da ich recht große Hände habe, häkle ich am liebsten mit Häkelnadeln, die einen breiten Silikongriff haben.

STICKTWIST

Um einen Mund oder andere Details aufzusticken, nehme ich am liebsten Sticktwist oder ein anderes, sehr feines Garn. Ich verwende Sticktwist außerdem, um den Beginn einer Runde zu markieren. Dazu kannst du aber auch Maschenmarkierer oder Markierungsringe nehmen.

Ich habe alles im Internet gelernt – mithilfe von Erklärungsvideos auf YouTube. Wenn dir diese Lernmethode nicht so liegt, erkläre ich dir auf den folgenden Seiten, welche Maschen du für meine Anleitungen können musst, und veranschauliche sie mit Fotos.

Basiswissen

ANFANGSSCHLINGE

Beginne mit einer Anfangsschlinge.
Lege den Faden zu einer Schlinge (1) und ziehe den Faden mit der Häkelnadel durch die Schlinge (2). Gut festziehen. Das ist die Anfangsschlinge (3) mit einem losen, kurzen Ende und dem langen Faden, der zum Wollknäuel führt. Jetzt kannst du selbst wählen, wie du den langen Faden halten möchtest. Ich halte die Anfangsschlinge zwischen Daumen und Mittelfinger und führe den langen Faden um meinen Zeigefinger. Dabei halte ich den Faden mit dem kleinen Finger am Handballen (1). Du kannst den Faden auch um den Zeigefinger wickeln. Entscheidend ist, dass du den Faden festziehen und wieder lockern kannst. Ich mache das, indem ich meinen Zeigefinger anhebe (zum Festziehen) und absenke (zum Lockern).

LUFTMASCHE

Jetzt kannst du aus der Anfangsschlinge die 1. Luftmasche häkeln. Hole mit der Häkelnadel den langen Faden (4) und ziehe ihn durch die Schlinge (5). Du hast 1 Luftmasche (1 Lm) gehäkelt. Wiederhole diesen Schritt so oft, wie es in der jeweiligen Anleitung angegeben ist.

LUFTMASCHENKETTE

Die abgebildete Luftmaschenkette (6) ist aus 7 Luftmaschen gehäkelt.

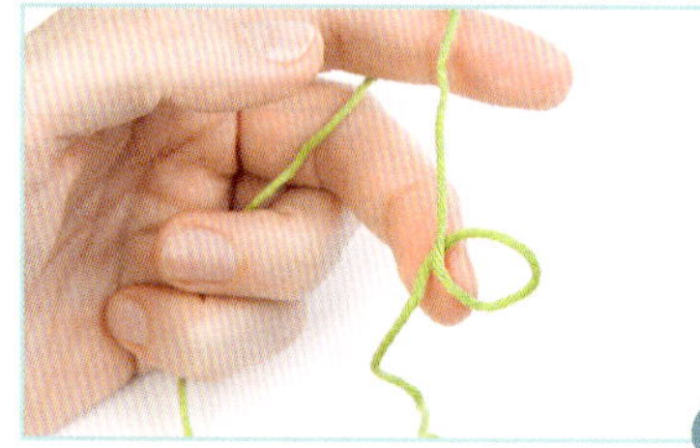
1

2

3

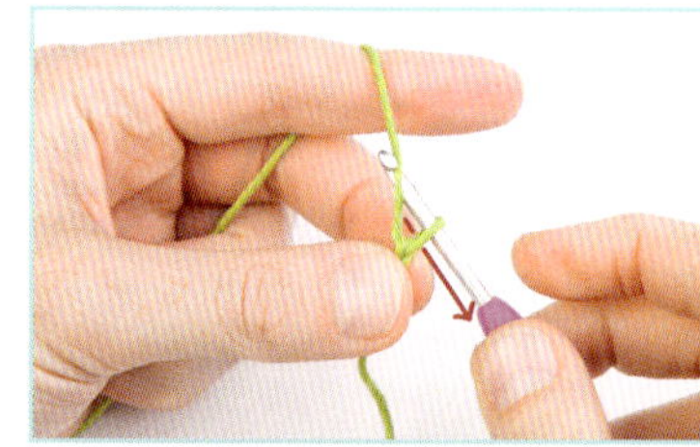
4

5

6

7

8

FESTE MASCHE

Für meine Amigurumis und bei meinen Anleitungen verwende ich am häufigsten feste Maschen. Wenn du eine Luftmaschenkette wie in Abb. 6 gehäkelt hast, stichst du die Häkelnadel in die 2. Luftmasche von der Häkelnadel aus (7). Ziehe den Faden mit der Häkelnadel durch die Schlinge (8). Jetzt liegen 2 Schlingen auf der Häkelnadel. Ziehe den Faden (9) mit der Häkelnadel durch beide Schlingen auf der Häkelnadel (10). So häkelst du die erste feste Masche (1 fM). Arbeite diese Masche so oft, wie es in der jeweiligen Anleitung angegeben ist. Auf der Abbildung (11) wurden bis zum Ende der Luftmaschenkette feste Maschen gehäkelt (6 fM).

RUNDE ODER REIHE

Eine Reihe ist eine gerade Reihe Maschen, eine Runde zieht sich einmal rundherum. In den Beispielen werden die 1. Reihe (1. R), die Luftmaschenkette und die 2. Reihe (2. R) die 6 festen Maschen, die du über die Luftmaschenkette gehäkelt hast, gezeigt. Das wird in meinen Anleitungen folgendermaßen geschrieben:

1. R: Häkle eine Lm-Kette aus 7 Lm (6).

2. R: Häkle 6 fM (6) (11).

Am Ende einer Zeile steht eine Zahl in Klammern: Sie gibt an, wie viele Maschen du am Ende einer Reihe oder Runde haben musst.

9

10

11

12

13

WENDELUFTMASCHE

Um die folgenden Reihen, beispielsweise die 3. bis 8. Reihe, aus 6 festen Maschen zu häkeln, musst du die Arbeit nach jeder Reihe wenden. Damit du immer 6 feste Maschen (6 fM) behältst, häkelst du am Ende der Reihe 1 Luftmasche (1 Lm), bevor du die Arbeit wendest (12). Das ist die Wendeluftmasche. Jetzt wendest du die Arbeit und stichst in die 1. feste Masche von der Häkelnadel aus (13).

Dann geht's weiter mit der in der Anleitung angegebenen Anzahl Maschen. Hinweis: Für halbe Stäbchen musst du 2 Wendeluftmaschen und für Stäbchen sogar 3 Wendeluftmaschen häkeln, da diese Maschen höher sind als feste Maschen.

Auf den nächsten Seiten werde ich ein kleines Bällchen häkeln und an diesem Beispiel zeigen, wie ein magischer Ring, Maschenzu- und -abnahmen, Farbwechsel und das Abmaschen funktionieren. Dabei musst du bei jeder Runde gut aufpassen, wo du gerade bist. Deshalb markiere ich den Rundenanfang mit einem dünneren Faden. So weiß ich immer genau, wo eine Runde beginnt und wo sie endet, und kann die Zahl der Runden leicht zählen.

14

15

16

17

18

19

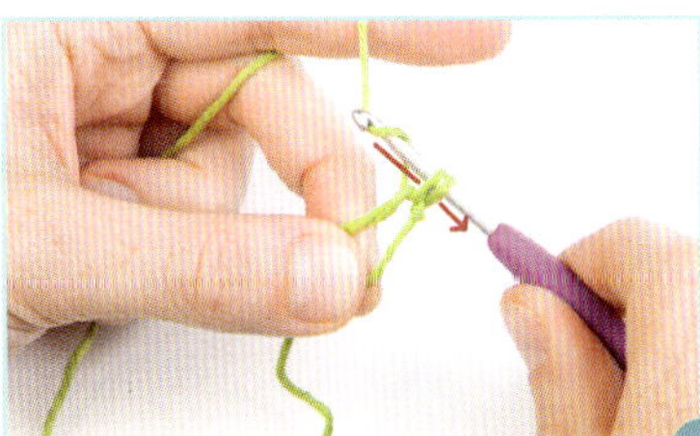
20

21

22

23

MAGISCHER RING

Die meisten meiner Modelle werden in Runden gehäkelt. Am besten beginnst du dafür mit einem magischen Ring. Lege deinen Faden zu einer Schlaufe und achte darauf, dass der lange Faden (der zum Wollknäuel führt) oben kreuzt (14). Stich mit der Häkelnadel durch die Schlinge und hole den Faden (15). Ziehe den Faden durch die Schlinge, aber ziehe ihn nicht zu fest an (16). Jetzt hältst du die Fadenschlinge und den losen Faden mit Daumen und Mittelfinger fest und ziehst den Faden (17) durch die Schlinge auf der Häkelnadel (18). Dann ziehst du den losen Faden mit der Häkelnadel durch die Fadenschlinge (19), holst den langen Faden und ziehst ihn durch die Schlinge. Jetzt liegen wie in Abb. 8 2 Schlingen auf der Häkelnadel (20). Ziehe den langen Faden durch beide Schlingen auf der Häkelnadel. Damit hast du die erste feste Masche gehäkelt (21). Häkle nun so viele feste Maschen, wie in der Anleitung angegeben sind (19, 20 und 21). Ich beschreibe diesen Schritt in meinen Anleitungen so:

1. Rd: Häkle 6 fM zu einem magischen Ring (22).

Ziehe nun an dem losen kurzen Faden, um den Kreis zu schließen – fertig ist der magische Ring (23).

MASCHENZUNAHME

In vielen Fällen musst du in der Runde nach dem magischen Ring einige Maschen zunehmen. Dafür häkelst du 2 feste Maschen in 1 feste Masche.

1. Rd: Häkle 6 fM zu einem magischen Ring (= 6 fM).

2. Rd: Häkle 2 fM in jede fM (= 12 fM).

Markiere zunächst den Anfang der Runde mit einem dünneren Faden. Stich dann mit der Häkelnadel durch die 1. feste Masche des magischen Rings, um die 1. feste Masche zu häkeln (24). Häkle in diese feste Masche 2 feste Maschen, wie es in der Anleitung steht (25). Mit den restlichen 5 fM machst du es ebenso, bis du am Ende der Runde 12 feste Maschen gehäkelt hast (26). Damit es schön rund wird, nimmst du in jeder Runde 6 Maschen zu (da der magische Ring aus 6 Maschen besteht). Um diese 6 Zunahmen gleichmäßig über den Kreis zu verteilen, wird die folgende Runde so beschrieben:

3. Rd: Häkle 2 fM in jede 2. fM (18).

Also häkelst du in die 1. feste Masche 1 feste Masche und in die 2. feste Masche 2 feste Maschen (27). Das machst du insgesamt 6-mal – das ergibt 18 feste Maschen. Auch in der 4. und 5. Runde nimmst du wieder 6 Maschen zu, das beschreibe ich so:

4. Rd: Häkle 2 fM in jede 3. fM (24).

5. Rd: Häkle 2 fM in jede 4. fM (30) (28).

Wenn in einer Runde keine Zunahmen gehäkelt werden, beschreibe ich das so:

6. Rd: Häkle 30 fM (30).

Dann häkelst du in jede feste Masche nur 1 feste Masche.

24

25

26

27

28

FARBWECHSEL

Wenn du beim Häkeln Wolle in einer anderen Farbe verwenden möchtest, ziehst du bei der letzten festen Masche, die du gehäkelt hast, den Faden nicht durch die letzten Schlingen auf der Häkelnadel. Das wird folgendermaßen beschrieben:

6. Rd: Häkle 30 fM (30). Wechsele die Farbe.

Nimm den Faden in der anderen Farbe (29). Halte das kurze Ende gut fest und ziehe den neuen Faden durch die letzten beiden Schlingen. Jetzt liegt der Faden in der neuen Farbe auf der Häkelnadel (30), und du kannst mit der neuen Farbe weiterarbeiten. Damit sich der Faden nicht so leicht herausziehen lässt, häkelst du das kurze Ende der neuen Farbe und den Rest der alten Farbe bei den nächsten paar Maschen einfach mit (31).

6. Rd: Häkle 30 fM (30). Wechsle die Farbe.
7. Rd: Häkle 30 fM (30).
8. Rd: Häkle 30 fM (30). Wechsle die Farbe.
9. Rd: Häkle 30 fM (30) (32).

Nach dieser Beispielanleitung hast du jetzt 4 Runden mit der gleichen Maschenanzahl gehäkelt, wobei die 7. und 8. Runde eine andere Farbe haben. Jetzt wird es Zeit für die Maschenabnahmen, damit unser Ball rund wird.

29

30

31

32

MASCHENABNAHME

Es gibt verschiedene Möglichkeiten, Maschen abzunehmen. Bei dieser einfachen und schnellen Methode stichst du die Häkelnadel durch die 1. feste Masche, holst den Faden (33) und ziehst ihn durch (nun liegen 2 Schlingen auf der Häkelnadel). Dann stichst du die Häkelnadel durch die 2. feste Masche, ziehst den Faden wieder durch (34) und hast 3 Schlingen auf der Häkelnadel (35). Jetzt ziehst du den Faden durch alle 3 Schlingen auf der Häkelnadel (36) – so hast du aus 2 festen Maschen 1 feste Masche gemacht. Um in einer Runde gleichmäßig abzunehmen, verteilst du die Maschenabnahmen ebenso wie die -zunahmen auf die ganze Runde. Diese Arbeitsschritte wiederholst du, bis du das Ende der Runde erreicht hast.

10. Rd: Häkle jede 4. und 5. fM zusammen (24).

Diese Methode hat einen Nachteil: Wenn du auf diese Weise in mehreren Runden abgenommen hast, sind die Abnahmen deutlich zu sehen. Du kannst aber auch praktisch unsichtbare Abnahmen häkeln – eine Methode, die ich bevorzuge.

UNSICHTBARE MASCHENABNAHME

Stich die Häkelnadel durch das vordere M-Glied der 1. festen Masche (37) und dann auch gleich durch das vordere M-Glied der 2. festen Masche (38). Hole jetzt den Faden und ziehe ihn durch die beiden vorderen Schlingen auf der Häkelnadel (39). Hole dann wieder den Faden (40) und ziehe ihn durch die beiden Schlingen auf der Häkelnadel (41). So hast du eine unsichtbare Abnahme gehäkelt. Wenn du auf diese Weise die nächsten Runden häkelst, kannst du das Bällchen abmaschen.

33

34

35

36

37

38

39

40

11. Rd: Häkle jede 3. und 4. fM zusammen (18).
Stopfe den Ball mit Füllmaterial aus.
12. Rd: Häkle jede 2. und 3. fM zusammen (12).
13. Rd: Häkle jede 2. fM zusammen (6) (42).
Masche ab und vernähe den Faden.

ABMASCHEN

Zum Abmaschen schneidest du zunächst den langen Faden ab. Der Faden muss so lang sein, dass du die Arbeit gut schließen kannst (→ 20 cm). Häkle 1 Kettmasche in das hintere M-Glied der nächsten festen Masche (43). Dann ziehst du den Faden durch die letzte Schlinge auf der Häkelnadel und ziehst den Faden gut fest (44).

Im nächsten Kapitel erkläre ich die Kettmasche (Km).

Jetzt holst du den Faden auf die Außenseite deiner Arbeit, indem du den Faden durch die 1. Masche hindurchziehst. Dann nähst du den Faden mit einer Stopfnadel von oben nach unten durch die vorderen M-Glieder der übrigen Maschen (45). Ziehe den Faden fest und schließe die Arbeit (46). Anschließend stichst du die Nadel mitten durch die Arbeit an einer beliebigen Stelle nach außen (47) und schneidest den Faden ganz kurz ab. Jetzt ist das Bällchen fertig.

41

42

43

44

45

46

47

48

49

50

51

52

53

54

55

Hier erkläre ich noch ein paar andere Maschen, die du für die Anleitungen in diesem Buch kennen musst.

KETTMASCHE

Stich die Häkelnadel genau wie bei einer festen Masche durch die nächste feste Masche. Ziehe den Faden durch die feste Masche (siehe Abb. 33) und gleichzeitig durch die Schlinge auf der Häkelnadel (48). Diese Masche wird als (1 Km) angegeben.

HALBES STÄBCHEN

Soll eine Masche größer werden als eine feste Masche, häkelst du ein halbes Stäbchen (hStb). Diese Masche wird etwas höher, und du kannst damit andere Formen häkeln. Dafür schlingst du den Faden 1-mal um die Häkelnadel, bevor du sie durch die feste Masche (bzw. bei einer Luftmaschenkette durch die 3. Luftmasche von der Häkelnadel aus) stichst (49). Dann stichst du die Häkelnadel durch die feste Masche (50) (bzw. die Luftmasche) und ziehst den Faden durch die Masche hindurch. Jetzt liegen 3 Schlingen auf der Häkelnadel (51). Ziehe den Faden durch alle 3 Schlingen (52). Diese Masche ist jetzt etwas höher und dicker als eine normale feste Masche und wird als (1 hStb) angegeben.

STÄBCHEN

Die Masche kann noch höher werden, wenn du ein Stäbchen (Stb) häkelst. Arbeite die ersten 3 Schritte wie beim halben Stäbchen (nur bei einer Luftmaschenkette in die 4. Luftmasche von der Häkelnadel aus), bis wieder 3 Schlingen auf der Häkelnadel liegen (49–51). Jetzt ziehst du den Faden durch die ersten beiden Schlingen (53). Dann holst du wieder den Faden (54) und ziehst ihn mit der Häkelnadel durch die beiden übrigen Schlingen auf der Häkelnadel (55).

ABKÜRZUNGEN

fM = feste Masche(n)
FW = Farbwechsel
hStb = halbe(s) Stäbchen
Km = Kettmasche(n)
LL = Lauflänge
Lm = Luftmasche(n)
M = Masche(n)
M-Glied = Maschenglied
Nd = Nadel
Stb = Stäbchen
DStb = Doppelstäbchen

Ich hoffe, dass die Grundanleitungen für dich hilfreich sind und du viel Erfolg beim Häkeln der Charaktere dieses Buches hast! Viel Spaß!

DENDENNIS
ROTZNASE SENIOR
SCHLAFMÜTZ'
VIERAUGE
QUASSELKOPP
BLA
ROTZNASE JUNIOR
KUMPEL
SUPPENHUHN

Die total verrückten Häkelfreunde

Suppenhuhn

SCHWIERIGKEITSGRAD ★★☆☆☆

Viele Einzelteile und unterschiedliche Farben.

Suppenhuhn ist ein wunderlicher Vogel: Er ist aus einer Suppenschüssel geschlüpft und nicht aus einem Ei, aber weil er so schnell wuchs, blieb er in seiner Suppenschlüssel stecken. Seitdem ist diese Suppenschüssel an Suppenhuhn festgewachsen. Verschiedene Tierärzte haben versucht, die Suppenschüssel operativ zu entfernen, doch das hat leider nicht geklappt. Mittlerweile kann Suppenhuhn nicht mehr ohne seine Schüssel leben.

Am meisten fürchtet er sich vor der Suppenkelle. Drohend und riesig sieht er sie auf sich zukommen, um ihn aus der Schüssel zu holen … also hältst du deine Suppenkelle am besten von Suppenhuhn fern.

MATERIAL

* Schachenmayr original Catania (LL 125 m/50 g) in Crème (Fb 130), Golfgrün (Fb 241), Anis (Fb 245), Weiß (Fb 106), Orange (Fb 281) und Signalrot (Fb 115), je 50 g
* Füllwatte
* 2 Augen, ø 8 mm
* Häkelnadel 2,0 mm

SUPPENSCHÜSSEL

Beginne mit Catania in Crème.

1. Rd: Häkle 8 fM zu einem magischen Ring (= 8 fM).
2. Rd: Häkle 2 fM in jede fM (= 16 fM).
3. Rd: Häkle 2 fM in jede 2. fM (= 24 fM).
4. Rd: Häkle 2 fM in jede 3. fM (= 32 fM).
5. Rd: Häkle 2 fM in jede 4. fM (= 40 fM).
6. Rd: Häkle 2 fM in jede 8. fM (= 45 fM).
7. Rd: Häkle 2 fM in jede 9. fM (= 50 fM).
8. Rd: Häkle 2 fM in jede 10. fM (= 55 fM).
9. Rd: Häkle 2 fM in jede 11. fM (= 60 fM).
10. Rd: Häkle 2 fM in jede 12. fM (= 65 fM).
11. Rd: Häkle 2 fM in jede 13. fM (= 70 fM).
12. Rd: Häkle 2 fM in jede 14. fM (= 75 fM).
Fb-Wechsel: weiter mit Catania in Golfgrün.
13. Rd: Häkle 2 fM in jede 15. fM (= 80 fM).
14.-15. Rd: Häkle 80 fM (= 80 fM). Fb-Wechsel: nach Rd 15 weiter mit Catania in Anis.
16. Rd: Stich nur in die hinteren M-Glieder und häkle jede 9. und 10. fM zusammen (= 72 fM).
17. Rd: Häkle jede 8. und 9. fM zusammen (= 64 fM).
18. Rd: Häkle jede 7. und 8. fM zusammen (= 56 fM).
19. Rd: Häkle jede 6. und 7. fM zusammen (= 48 fM).
20. Rd: Häkle jede 5. und 6. fM zusammen (= 40 fM).
21. Rd: Häkle jede 3. und 4. fM zusammen (= 30 fM).
22. Rd: Häkle jede 2. und 3. fM zusammen (= 20 fM).

Stopfe die Suppenschüssel bis zur letzten Rd mit Füllwatte aus.

23. Rd: Häkle immer 2 fM zusammen (= 10 fM).
24. Rd: Häkle immer 2 fM zusammen (= 5 fM).

Masche ab und vernähe den Faden.

Häkle nur in die vorderen M-Glieder ab der 16. Rd mit Catania in Crème, sodass der vorstehende Rand der Suppenschüssel entsteht.

1.-4. Rd: Häkle 80 fM (= 80 fM).

Masche ab und vernähe den Faden.

HENKEL DER SUPPENSCHÜSSEL (2X)

Arbeite mit Catania in Crème.

1. Rd: Häkle 8 fM zu einem magischen Ring (= 8 fM).
2.-20. Rd: Häkle 8 fM (= 8 fM).

Masche ab und schneide den Faden so lang ab, dass du damit den Henkel an die Suppenschüssel nähen kannst.

KOPF

Arbeite mit Catania in Weiß.

1. Rd: Häkle 6 fM zu einem magischen Ring (= 6 fM).
2. Rd: Häkle 2 fM in jede fM (= 12 fM).
3. Rd: Häkle 2 fM in jede 2. fM (= 18 fM).
4. Rd: Häkle 2 fM in jede 3. fM (= 24 fM).
5. Rd: Häkle 2 fM in jede 4. fM (= 30 fM).
6. Rd: Häkle 30 fM (= 30 fM).
7. Rd: Häkle 2 fM in jede 5. fM (= 36 fM).
8.-9. Rd: Häkle 36 fM (= 36 fM).
10. Rd: Häkle 2 fM in jede 12. fM (= 39 fM).
11. Rd: Häkle 39 fM (= 39 fM).
12. Rd: Häkle 2 fM in jede 13. fM (= 42 fM).
13.-15. Rd: Häkle 42 fM (= 42 fM).

Setze die Augen mit einem Abstand von 6 M in der 9. Rd ein.

16. Rd: Stich nur in die vorderen M-Glieder. Häkle * in die 1. fM (1 fM, 1 hStb), in die 2. fM 2 Stb und in die 3. fM (1 hStb, 1 fM), ab * wiederholst du alles 14x.
17. Rd: Stich nur in die hinteren M-Glieder der 15. Rd und häkle 42 fM (= 42 fM).
18. Rd: Häkle 42 fM (= 42 fM).

Masche ab und schneide den Faden so lang ab, dass du damit den Kopf an die Suppenschüssel nähen kannst. Stopfe den Kopf aus, während du ihn auf die Suppenschüssel nähst.

SCHNABEL

Arbeite mit Catania in Orange.

1. Rd: Häkle 4 fM zu einem magischen Ring (= 4 fM).
2. Rd: Häkle 2 fM in jede 2. fM (= 6 fM).
3. Rd: Häkle 2 fM in jede 3. fM (= 8 fM).

Masche ab und schneide den Faden so lang ab, dass du damit den Schnabel an den Kopf nähen kannst. Der Schnabel braucht nicht ausgestopft zu werden.

KOPFFEDERN (2X)

Arbeite mit Catania in Signalrot.

1. Rd: Häkle 6 fM zu einem magischen Ring (= 6 fM).

2.-5. Rd: Häkle 6 fM (= 6 fM).

Masche ab und schneide den Faden so lang ab, dass du damit die Kopffedern auf den Kopf nähen kannst. Die Kopffedern brauchen nicht ausgestopft zu werden.

BEINE (2X)

Arbeite mit Catania in Orange.

1. Rd: Häkle 6 fM zu einem magischen Ring (= 6 fM).

2.-10. Rd: Häkle 6 fM (= 6 fM).

Masche ab und schneide den Faden so lang ab, dass du damit die Beine unter die Suppenschüssel nähen kannst. Stopfe die Beine aus (du kannst auch Pfeifenreiniger in die Beine einsetzen, dann lassen sie sich verbiegen).

ZEHEN (2X)

Arbeite mit Catania in Orange.

1. R: Häkle eine Lm-Kette aus 4 Lm.

2. R: Häkle 1 fM in die 2. Lm von der Häkelnd aus, dann eine Lm-Kette aus 6 Lm und 5 fM nach unten.

3. R: Häkle 1 fM in die 3. Lm von der Häkelnd aus, dann eine Lm-Kette aus 6 Lm und 5 fM nach unten.

4. R: Häkle 1 fM in die 4. Lm von der Häkelnd aus, dann eine Lm-Kette aus 6 Lm und 5 fM nach unten. Häkle 1 Lm und wende.

5. R: Häkle auf der Rückseite der Lm-Kette 3 fM (= 3 fM), 1 Lm und wende.

6. R: Häkle 2 fM (= 2 fM).

Masche ab und schneide den Faden so lang ab, dass du damit die Zehen an die Beine nähen kannst. Die Häkelschrift zeigt die Reihenfolge der R.

SCHWANZFEDERN (3X)

Arbeite mit Catania in Signalrot.

1. Rd: Häkle 4 fM zu einem magischen Ring (= 4 fM).

2. Rd: Häkle 2 fM in jede fM (= 8 fM).

3.-10. Rd: Häkle 8 fM (= 8 fM).

Masche ab und schneide den Faden so lang ab, dass du damit die 3 Schwanzfedern an die Rückseite der Suppenschüssel nähen kannst. Die Schwanzfedern brauchen nicht ausgestopft zu werden.

FERTIGSTELLEN

Sobald du den Kopf an der Oberkante der Suppenschüssel genäht und ausgestopft hast, kannst du den Schnabel und die beiden Federn am Kopf anbringen. Die erste Feder nähst du in Höhe der 2. und 3. Rd, die zweite in Höhe der 4. und 5. Rd an.

Für die Henkel nähe zuerst ein Ende an die obere Schüsselkante, sodass der Henkel nach oben zeigt. Klappe ihn um und nähe seine Unterseite mit dem restlichen Faden an. Nähe eine Schwanzfeder genau in die Mitte, bevor du die beiden anderen an den Seiten platzierst. Versuche, die Beine in gleicher Höhe und im gleichen Abstand wie die Augen anzunähen, nur eben an die Unterseite der Suppenschüssel. Ich habe die Beine in Höhe der 6. Rd der Suppenschüssel platziert.

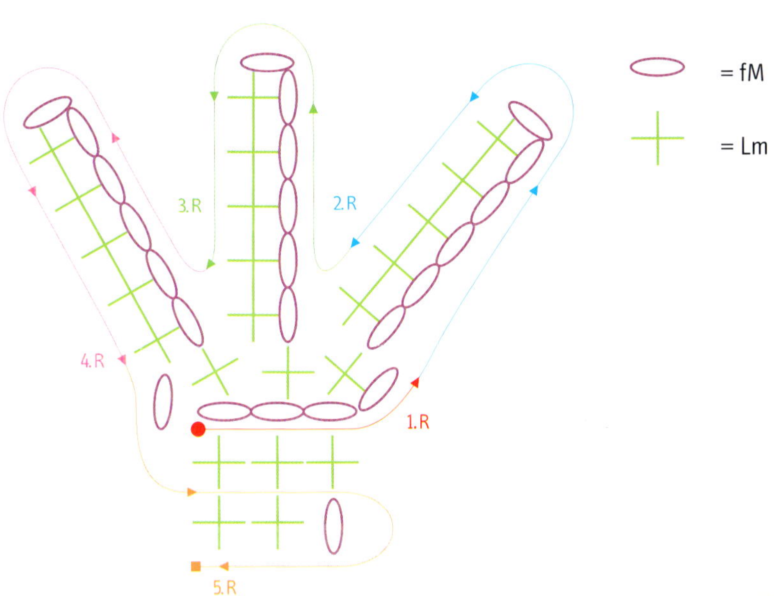
3.R
2.R
4.R
1.R
5.R
= fM
= Lm

DenDennis

SCHWIERIGKEITSGRAD ★★★★★

Die Haare mit Brazilia zu häkeln, ist ganz schön anspruchsvoll, vor allem in Kombination mit dem Farbwechsel. Alles andere ist nicht besonders schwierig.

DenDennis hat nicht viele Freunde und lebt praktisch in seiner eigenen Fantasiewelt. Am liebsten wäre er ein Superheld. In seinem heldenhaften Outfit sitzt er oft am Fenster seines Zimmers und beobachtet die Menschen auf der Straße. Dabei denkt er sich spannende Abenteuer für sie aus.

Sein irres Cape schützt ihn vor den Angriffen von Rosenkohl. Er behauptet oft, er sei gegen Rosenkohl allergisch, aber seine Mutter meint, das stimme nur in seinem Kopf. Alleine der Gedanke, Rosenkohl im Kopf zu haben … brrr!

MATERIAL

* Schachenmayr original Brazilia (LL 90 m/50 g) in Schoko (Fb 10), 50 g
* Schachenmayr original Catania (LL 125 m/50 g) in Soft Apricot (Fb 263), Fango (Fb 387) und Fuchsia (Fb 128), je 50 g
* Füllwatte
* 2 Augen, ø 15 mm
* Häkelnadel 3,0 mm

KOPF

Schau dir beim Basiswissen genau an, wie ein Fb-Wechsel funktioniert (siehe S. 13). Die Fb-Wechsel in dieser Anleitung habe ich so abgekürzt:
FW1 (Fb-Wechsel mit der ersten Fb [Brazilia]) und
FW2 (Fb-Wechsel mit der zweiten Fb [Catania in Soft Apricot]).
Vergiss nicht, die Fb während der halben letzten M zu wechseln.

Arbeite die Haare mit Brazilia.

1. Rd: Häkle 6 fM zu einem magischen Ring (= 6 fM).
2. Rd: Häkle 2 fM in jede fM (= 12 fM).
3. Rd: Häkle 2 fM in jede 2. fM (= 18 fM).
4. Rd: Häkle 2 fM in jede 3. fM (= 24 fM).
5. Rd: Häkle 2 fM in jede 4. fM (= 30 fM).
6. Rd: Häkle 2 fM in jede 5. fM (= 36 fM).
7. Rd: Häkle 2 fM in jede 6. fM (= 42 fM).
8. Rd: Häkle 2 fM in jede 7. fM (= 48 fM).
9. Rd: Häkle 2 fM in jede 8. fM (= 54 fM).
10. Rd: Häkle 2 fM in jede 9. fM (= 60 fM).
11. Rd: Häkle 22 fM, FW2, 16 fM, FW1, 22 fM (= 60 fM).
12.-14. Rd: Häkle 20 fM, FW2, 20 fM, FW1, 20 fM (= 60 fM).
15. Rd: Häkle 20 fM, FW2, 21 fM, FW1, 19 fM (= 60 fM).
16.-17. Rd: Häkle 19 fM, FW2, 22 fM, FW1, 19 fM (= 60 fM).
18. Rd: Häkle 19 fM, FW2, 23 fM, FW1, 18 fM (= 60 fM).
19.-20. Rd: Häkle 19 fM, FW2, 24 fM, FW1, 17 fM (= 60 fM).
21. Rd: Häkle 19 fM, FW2, 25 fM, FW1, 16 fM (= 60 fM).
22. Rd: Häkle 19 fM, FW2, 26 fM, FW1, 15 fM (= 60 fM).
23. Rd: Häkle 19 fM, FW2, 27 fM, FW1, 14 fM (= 60 fM).
24. Rd: Häkle 14 fM, FW2, 37 fM, FW1, 9 fM (= 60 fM).
25. Rd: Häkle 13 fM, FW2, 40 fM, FW1, 7 fM (= 60 fM).
26. Rd: Häkle 12 fM, FW2, 42 fM, FW1, 6 fM (= 60 fM).
27. Rd: Häkle 11 fM, FW2, 45 fM, FW1, 4 fM (= 60 fM).
28. Rd: Häkle 10 fM, FW2, 48 fM, FW1, 2 fM (= 60 fM).
29. Rd: Häkle 9 fM, FW2, 51 fM, FW1 (= 60 fM).
30. Rd: Häkle 7 fM, FW2, 8 fM, Häkle die 9. und 10. fM zusammen, Häkle danach jede 9. und 10. fM zusammen (= 54 fM).
31. Rd: Häkle jede 8. und 9. fM zusammen (= 48 fM).
32. Rd: Häkle jede 7. und 8. fM zusammen (= 42 fM).
33. Rd: Häkle jede 6. und 7. fM zusammen (= 36 fM).
34. Rd: Häkle jede 5. und 6. fM zusammen (= 30 fM).

Setze die Augen mit einem Abstand von 9 M ein.
Stopfe den Kopf aus, bis du die letzte Rd erreicht hast.

35. Rd: Häkle jede 4. und 5. fM zusammen (= 24 fM).
36. Rd: Häkle jede 3. und 4. fM zusammen (= 18 fM).
37. Rd: Häkle jede 2. und 3. fM zusammen (= 12 fM).
38. Rd: Häkle immer 2 fM zusammen (= 6 fM).

Masche ab und vernähe den Faden.

NASE

Arbeite mit Catania in Soft Apricot.

1. Rd: Häkle 5 fM zu einem magischen Ring (= 5 fM).
2. Rd: Häkle 2 fM in jede fM (= 10 fM).
3. Rd: Häkle 2 fM in jede 2. fM (= 15 fM).
4.-5. Rd: Häkle 15 fM (= 15 fM).
6. Rd: Häkle jede 2. und 3. fM zusammen (= 10 fM).

Masche ab und schneide den Faden so lang ab, dass du damit die Nase an den Kopf nähen kannst. Stopfe die Nase aus.

OHREN (2X)

Arbeite mit Catania in Soft Apricot.

1. Rd: Häkle 6 fM zu einem magischen Ring (= 6 fM).

2. Rd: Häkle 2 fM in jede fM (= 12 fM).

3. Rd: Häkle 2 fM in jede 2. fM (= 18 fM).

4.-5. Rd: Häkle 18 fM (= 18 fM).

6. Rd: Häkle jede 2. und 3. fM zusammen (= 12 fM).

Masche ab und schneide den Faden so lang ab, dass du damit die Ohren an den Kopf nähen kannst.

KÖRPER

Arbeite mit Catania in Soft Apricot.

1. Rd: Häkle 6 fM zu einem magischen Ring (= 6 fM).

2. Rd: Häkle 2 fM in jede fM (= 12 fM).

3. Rd: Häkle 2 fM in jede 2. fM (= 18 fM).

4. Rd: Häkle 2 fM in jede 3. fM (= 24 fM).

5. Rd: Häkle 2 fM in jede 4. fM (= 30 fM).

6. Rd: Häkle 2 fM in jede 5. fM (= 36 fM).

7. Rd: Häkle 2 fM in jede 6. fM (= 42 fM).

8.-10. Rd: Häkle 42 fM (= 42 fM).

11. Rd: Häkle jede 6. und 7. fM zusammen (= 36 fM).

12. Rd: Häkle 36 fM (= 36 fM).

13. Rd: Häkle jede 5.+6. fM zusammen (= 30 fM).

14. Rd: Häkle 30 fM (= 30 fM).

15. Rd: Häkle jede 4. und 5. fM zusammen (= 24 fM).

Stopfe den Körper aus, bis du die letzte Rd erreicht hast.

16. Rd: Häkle jede 3. und 4. fM zusammen (= 18 fM).

17.-19. Rd: Häkle 18 fM (= 18 fM).

Masche ab und schneide den Faden so lang ab, dass du damit den Körper an den Kopf nähen kannst.

FÜSSE (2X)

Arbeite die Füße und die Hände in Catania in Soft Apricot.

1. R: Häkle eine Lm-Kette aus 7 Lm.

2. Rd: Häkle 5 fM, 3 fM in die letzte Lm, weiter auf der anderen Seite der Lm-Kette, 4 fM, 2 fM in die letzte Lm (= 14 fM).

3. Rd: Häkle 2 fM in die 1., 7., 8. und 14. fM (= 18 fM).

4. Rd: Häkle 2 fM in die 2., 8., 11. und 17. fM (= 22 fM).

5.-6. Rd: Häkle 22 fM (= 22 fM).

7. Rd: Häkle die 1. und 2., die 10. und 11., die 12. und 13. und die 21. und 22. fM zusammen (= 18 fM).

8.-9. Rd: Häkle 18 fM (= 18 fM).

10. Rd: Häkle die 1. und 2., 8. und 9., 10. und 11. und 17. und 18. fM zusammen (= 14 fM).

11.-12. Rd: Häkle 14 fM (= 14 fM).

Stopfe die Füße aus, bis du die letzte Rd erreicht hast.

13. Rd: Häkle die 1. und 2. und die 8. und 9. fM zusammen (= 12 fM).

14. Rd: Häkle immer 2 fM zusammen (= 6 fM).

Masche ab und vernähe den Faden.

Die Zehen brauchen nicht ausgestopft zu werden.

GROSSER ZEH (2X)

1. Rd: Häkle 4 fM zu einem magischen Ring (= 4 fM).

2. Rd: Häkle 2 fM in jede fM (= 8 fM).

3.-4. Rd: Häkle 8 fM (= 8 fM).

Masche ab und schneide den Faden so lang ab, dass du damit den großen Zeh an den Fuß nähen kannst.

MITTLERE ZEHEN (4X)

1. Rd: Häkle 6 fM zu einem magischen Ring (= 6 fM).

2.-3. Rd: Häkle 6 fM (= 6 fM).

Masche ab und schneide den Faden so lang ab, dass du damit die mittleren Zehen an den Fuß nähen kannst.

KLEINER ZEH (2X)

1. Rd: Häkle 5 fM zu einem magischen Ring (= 5 fM).

2.-3. Rd: Häkle 5 fM (= 5 fM).

Masche ab und schneide den Faden so lang ab, dass du damit den kleinen Zeh an den Fuß nähen kannst.

BEINE (2X)

1. Rd: Häkle 18 fM oben auf die Füße (= 18 fM).
2.-5. Rd: Häkle 18 fM (= 18 fM).
6. Rd: Häkle jede 5. und 6. fM zusammen (= 15 fM).
7.-8. Rd: Häkle 15 fM (= 15 fM).
9. Rd: Häkle jede 4. und 5. fM zusammen (= 12 fM).
10.-13. Rd: Häkle 12 fM (= 12 fM).

Masche ab und schneide den Faden so lang ab, dass du damit die Beine unten an den Körper nähen kannst. Stopfe die Beine aus.

HÄNDE UND ARME (JE 2X)

Für die Hände arbeitest du erst die einzelnen Finger; dann häkelst du über die Finger die Hand, darüber den Arm.

DAUMEN

1. Rd: Häkle 6 fM zu einem magischen Ring (= 6 fM).
2.-8. Rd: Häkle 6 fM (= 6 fM).

Stopfe den Daumen nicht zu fest aus. Masche ab und schneide den Faden so lang ab, dass du damit den Daumen an die Hand nähen kannst. Falte das offene Ende zusammen und nähe den Daumen an.

1. FINGER

1. Rd: Häkle 6 fM zu einem magischen Ring (= 6 fM).
2.-6. Rd: Häkle 6 fM (= 6 fM).

Masche ab und vernähe den Faden.

MITTELFINGER

1. Rd: Häkle 6 fM zu einem magischen Ring (= 6 fM).
2.-7. Rd: Häkle 6 fM (= 6 fM).

Häkle den zweiten Finger mit 1 Km an den ersten Finger. Masche ab.

3. FINGER, HAND UND ARM

1. Rd: Häkle 6 fM zu einem magischen Ring (= 6 fM).
2.-6. Rd: Häkle 6 fM (= 6 fM).

Häkle den 3. Finger mit 1 Km an den 2. Finger, und zwar in die 3 fM von der Km-Masche des 1. Fingers aus. Jetzt maschst du NICHT ab, sondern häkelst die Hand.

1.-3. Rd: Häkle 18 fM (= 18 fM).
4. Rd: Häkle jede 2. und 3. fM zusammen (= 12 fM).

Stopfe die Hand und die Finger nicht zu fest aus, die Arme aber nicht.

5. Rd: Häkle jede 2. und 3. fM zusammen (= 8 fM).
6.-20. Rd: Häkle 8 fM (= 8 fM).

Masche ab und schneide den Faden so lang ab, dass du damit die Arme an den Körper nähen kannst.

HOSE

Für die Hose beginnst du zunächst mit den einzelnen Hosenbeinen. Beim ersten Hosenbein musst du abmaschen, über das zweite Hosenbein häkelst du die Hose. Schneide beim zweiten Hosenbein den Faden also nicht ab.

HOSENBEIN

Arbeite mit Catania in Fango.

1. Rd: Häkle eine Lm-Kette aus 20 Lm und schließe die Enden mit 1 Km, sodass ein Kreis entsteht.
2.-6. Rd: Häkle 20 fM (= 20 fM).

Masche das erste Hosenbein ab, aber NICHT das zweite. Häkle nach dem zweiten Hosenbein über beide Hosenbeine die folgenden Rd:

1. Rd: Häkle 40 fM (= 40 fM).
2. Rd: Häkle jede 4. und 5. fM zusammen (= 32 fM).
3.-7. Rd: Häkle 32 fM (= 32 fM).
8. Rd: Häkle 8x [2 fM, 2 Lm, 2 fM überspringen].

Masche ab und vernähe den Faden. Verwende jetzt einen langen violetten Faden als Gürtel in den Öffnungen der 8. Rd.

AUGENMASKE

Arbeite mit Catania in Fuchsia.

1. R: Häkle eine Lm-Kette aus 101 Lm.

2. R: Häkle 100 fM (= 100 fM), 1 Lm, wende.

3. R: Häkle 44 fM, 10 Lm (überspringe 4 fM), 4 fM, 10 Lm (überspringe 4 fM), 44 fM (= 112 fM), 1 Lm und wende.

4. R: Häkle 43 fM, häkle die 44. fM und die 1. Lm zusammen, 8 fM, häkle die letzte Lm und die darauffolgende fM zusammen, 2 fM, häkle die fM und die 1. Lm zusammen, 8 fM, häkle die letzte Lm und die folgende fM zusammen, 43 fM (= 108 fM).

Masche ab und vernähe den Faden.

CAPE

Arbeite mit Catania in Fuchsia.

1. R: Häkle eine Lm-Kette aus 31 Lm.

2.-10. R: Häkle 30 fM (= 30 fM), 1 Lm und wende.

11. R: Häkle die 1. und 2. sowie die 29. und 30. fM zusammen (= 28 fM), 1 Lm und wende.

12.-14. R: Häkle 28 fM (= 28 fM), 1 Lm und wende.

15. R: Häkle die 1. und 2. und die 27. und 28. fM zusammen (= 26 fM), 1 Lm und wende.

16.-18. R: Häkle 26 fM (= 26 fM), 1 Lm und wende.

19. R: Häkle die 1. und 2. und die 25. und 26. fM zusammen (= 24 fM), 1 Lm und wende.

20.-22. R: Häkle 24 fM (= 24 fM), 1 Lm und wende.

23. R: Häkle die 1. und 2. und die 23. und 24. fM zusammen (= 22 fM), 1 Lm und wende.

24.-26. R: Häkle 22 fM (= 22 fM), 1 Lm und wende.

27. R: Häkle die 1. und 2. und die 21. und 22. fM zusammen (= 20 fM), 1 Lm und wende.

28.-32. R: Häkle 20 fM (= 20 fM), 1 Lm und wende.

Häkle eine Kette aus 26 Lm, überspringe die letzte Lm und arbeite 25 fM an der Lm-Kette entlang zurück. Dann häkelst du an der Seite des Capes bis nach unten (= 31 fM). Jetzt geht's unten rum weiter (= 30 fM) und wieder nach oben (= 31 fM). Arbeite wieder eine Kette aus 26 Lm, überspringe die letzte Lm und häkle 25 fM an der Lm-Kette entlang zurück. Masche ab und vernähe die Fäden.

HÜTCHEN

Beginne mit Catania in Fango.

1. Rd: Häkle 6 fM zu einem magischen Ring (= 6 fM).

2. Rd: Häkle 2 fM in jede fM (= 12 fM).

3. Rd: Häkle 2 fM in jede 2. fM (= 18 fM).

4. Rd: Häkle 2 fM in jede 3. fM (= 24 fM).

5. Rd: Häkle 2 fM in jede 4. fM (= 30 fM).

6.-8. Rd: Häkle 30 fM (= 30 fM). Fb-Wechsel: weiter mit Catania in Fuchsia.

9.-10. Rd: Häkle 30 fM (= 30 fM). Fb-Wechsel: weiter mit Catania in Fango.

11. Rd: Stich nur in die vorderen M-Glieder. Häkle 2 fM in jede 3. fM (= 40 fM).

12. Rd: Häkle 2 fM in jede 4. fM (= 50 fM).

Masche ab und vernähe den Faden.

FERTIGSTELLEN

Die Oberkante der Ohren sitzt etwas tiefer als die Unterkante der Augen. Achte darauf, dass die Ohren zu etwa einem Drittel in den Haaren sitzen, da DenDennis Koteletten trägt. Die Oberkante der Nase liegt auf gleicher Höhe wie die Unterkante der Augen. Sobald du den Körper an den Kopf genäht hast, kannst du die Arme an die Seiten nähen. Zwischen Kopf und Armen kann 1 Rd frei bleiben. Stopfe den oberen Teil der Beine nicht zu fest aus, damit sich DenDennis auch hinsetzen kann.

Kumpel

SCHWIERIGKEITSGRAD ★★★☆☆

Verarbeite Brazilia vor allem nach Gefühl, dann wird's richtig gut.

MATERIAL

* Schachenmayr original Brazilia (LL 90 m/50 g) in Weiß (Fb 01), 50 g
* Schachenmayr original Catania (LL 125 m/50 g) in Orange (Fb 281), 50 g
* Füllwatte
* 2 Augen, ø 8 mm
* Nase, ø 12 mm
* Pfeifenreiniger für den Schwanz
* Häkelnadel 2,0 mm

Viele bekannte Charaktere sind ohne Partner undenkbar: Batman und Robin, Shrek und Esel, Luke Skywalker und R2D2. DenDennis wollte auch so einen Partner haben, konnte sich aber nicht entscheiden, ob es ein Hund, eine Maus, ein Kaninchen oder ein anderes Tier sein sollte – und so wurde es einfach Kumpel, fast eine Kreuzung zwischen Chihuahua und Maus.

Kumpel leidet ein wenig unter dem Calimero-Syndrom: „Die sind groß und ich bin klein, das ist unfair." Darum hält er sich nicht gerne nahe am Boden auf, sondern sitzt lieber hoch oben auf einem Regalbrett. Oder auf deiner Schulter, da fühlt er sich am sichersten.

± 10 cm

KOPF

Arbeite mit Brazilia in Weiß.

1. Rd: Häkle 6 fM zu einem magischen Ring (= 6 fM).
2. Rd: Häkle 2 fM in jede fM (= 12 fM).
3. Rd: Häkle 2 fM in jede 2. fM (= 18 fM).
4. Rd: Häkle 2 fM in jede 3. fM (= 24 fM).
5. Rd: Häkle 2 fM in jede 4. fM (= 30 fM).
6.-9. Rd: Häkle 30 fM (= 30 fM).
10. Rd: Häkle jede 4. und 5. fM zusammen (= 24 fM).
11. Rd: Häkle jede 3. und 4. fM zusammen (= 18 fM).

Setze die Augen mit einem Abstand von 4 M in der 7. Rd ein, stopfe den Kopf bis zur letzten Rd aus.

12. Rd: Häkle jede 2. und 3. fM zusammen (= 12 fM).
13. Rd: Häkle immer 2 fM zusammen (= 6 fM).

Masche ab und vernähe den Faden.

OHREN (2X)

Arbeite mit Catania in Orange.

1. Rd: Häkle 6 fM zu einem magischen Ring (= 6 fM).
2. Rd: Häkle 2 fM in jede fM (= 12 fM).
3. Rd: Häkle 2 fM in jede 2. fM (= 18 fM).
4. Rd: Häkle 2 fM in jede 3. fM (= 24 fM).
5. Rd: Häkle 2 fM in jede 4. fM (= 30 fM).
6. Rd: Häkle 2 fM in jede 5. fM (= 36 fM).

7.-10. Rd: Häkle 36 fM (= 36 fM).

11. Rd: Häkle jede 5. und 6. fM zusammen (= 30 fM).
12. Rd: Häkle jede 4. und 5. fM zusammen (= 24 fM).
13. Rd: Häkle jede 3. und 4. fM zusammen (= 18 fM).
14. Rd: Häkle jede 2. und 3. fM zusammen (= 12 fM).

Masche ab und schneide den Faden so lang ab, dass du damit die Ohren an den Körper nähen kannst.

SCHNAUZE

Arbeite mit Catania in Orange.

1. Rd: Häkle 6 fM zu einem magischen Ring (= 6 fM).
2. Rd: Häkle 2 fM in jede fM (= 12 fM).
3. Rd: Häkle 2 fM in jede 2. fM (= 18 fM).

4.-6. Rd: Häkle 18 fM (= 18 fM).

Masche ab und setze die Nase in der 2. Rd ein. Schneide den Faden so lang ab, dass du die Schnauze an den Kopf nähen kannst. Stopfe die Schnauze aus, wenn du sie am Kopf annähst.

SCHWANZ

Arbeite mit Catania in Orange.

1. Rd: Häkle 4 fM zu einem magischen Ring (= 4 fM).
2. Rd: Häkle 2 fM in jede fM (= 8 fM).

3.-24. Rd: Häkle 8 fM (= 8 fM).

25. Rd: Häkle immer 2 fM zusammen (= 4 fM).

Masche ab und schneide den Faden so lang ab, dass du damit den Schwanz an den Körper nähen kannst. Stopfe den Schwanz aus; du kannst auch einen Pfeifenreiniger in den Schwanz stecken, dann lässt er sich richtig bewegen.

SCHWANZQUASTE

Arbeite mit Brazilia in Weiß.

1. Rd: Häkle 6 fM zu einem magischen Ring (= 6 fM).
2. Rd: Häkle 2 fM in jede fM (= 12 fM).
3. Rd: Häkle 2 fM in jede 2. fM (= 18 fM).

4.-6. Rd: Häkle 18 fM (= 18 fM).

7. Rd: Häkle jede 2. und 3. fM zusammen (= 12 fM).
8. Rd: Häkle immer 2 fM zusammen (= 6 fM).

Masche ab und schneide den Faden so lang ab, dass du damit die Schwanzquaste an den Schwanz nähen kannst. Versuche, die Schwanzquaste auszustopfen.

FÜSSE (4X)

Arbeite mit Catania in Orange.

1. Rd: Häkle 6 fM zu einem magischen Ring (= 6 fM).

2.-4. Rd: Häkle 6 fM (= 6 fM).

Masche ab und schneide den Faden so lang ab, dass du damit die Füße an den Körper nähen kannst.

FERTIGSTELLEN

Wegen des Flauschgarns kannst du nicht erkennen, in welcher Rd die einzelnen Teile angenäht werden müssen. Setze Kumpel einfach nach Gefühl zusammen und orientiere dich dabei an den Augen. Nähe die Ohren im gleichen Abstand voneinander seitlich an den Körper. Der Schwanz kann hinten etwas unterhalb der Mitte platziert werden. Achte darauf, die Füße gleichmäßig auf der Unterseite zu verteilen.

Schlafmütz'

SCHWIERIGKEITSGRAD ★★☆☆☆

Nur der Mützenbommel ist ein wenig anspruchsvoller, ansonsten können auch Häkelanfänger Schlafmütz' gut schaffen.

Schlafmütz', der kleine Neffe von DenDennis, schläft jedes Mal, wenn sein Onkel ihn besucht. Er schafft es sogar, beim Essen zu schlafen. Schlafmütz' trennt sich niemals von seinem Lieblingskuscheltier Rotznase junior.

Auch wenn Schlafmütz' praktisch immer schläft, fürchtet er sich doch entsetzlich vor seinem Wecker oder – besser gesagt – vor Uhren aller Art. Also sollte Schlafmütz' nicht in der Nähe einer Uhr leben müssen, ansonsten wirst du schon sehen, was die Uhr geschlagen hat ...

MATERIAL

* Schachenmayr original Catania (LL 125 m/50 g) in Soft Apricot (Fb 263), Weiß (Fb 106), Löwenzahn (Fb 280) und Hellblau (Fb 173), je 50 g
* Schachenmayr original Brazilia (LL 90 m/50 g) in Weiß (Fb 01), 50 g
* Füllwatte
* Sticktwist in Schwarz für die Augen
* Häkelnadel 3,0 mm

KOPF

Arbeite mit Catania in Soft Apricot.

1. Rd: Häkle 6 fM zu einem magischen Ring (= 6 fM).
2. Rd: Häkle 2 fM in jede fM (= 12 fM).
3. Rd: Häkle 2 fM in jede 2. fM (= 18 fM).
4. Rd: Häkle 2 fM in jede 3. fM (= 24 fM).
5. Rd: Häkle 2 fM in jede 4. fM (= 30 fM).
6. Rd: Häkle 2 fM in jede 5. fM (= 36 fM).
7. Rd: Häkle 2 fM in jede 6. fM (= 42 fM).
8. Rd: Häkle 2 fM in jede 7. fM (= 48 fM).
9.-20. Rd: Häkle 48 fM (= 48 fM).
21. Rd: Häkle jede 7. und 8. fM zusammen (= 42 fM).
22. Rd: Häkle jede 6. und 7. fM zusammen (= 36 fM).
23. Rd: Häkle 36 fM (= 36 fM).
24. Rd: Häkle jede 5. und 6. fM zusammen (= 30 fM).
25. Rd: Häkle jede 4. und 5. fM zusammen (= 24 fM).
26. Rd: Häkle 24 fM (= 24 fM).

Stopfe den Kopf aus, bis du die letzte Rd erreicht hast.

27. Rd: Häkle jede 3. und 4. fM zusammen (= 18 fM).
28. Rd: Häkle jede 2. und 3. fM zusammen (= 12 fM).
29. Rd: Häkle immer 2 fM zusammen (= 6 fM).

Masche ab und vernähe den Faden.

KÖRPER

Arbeite die Windel mit Catania in Weiß

1. Rd: Häkle 6 fM zu einem magischen Ring (= 6 fM).
2. Rd: Häkle 2 fM in jede fM (= 12 fM).
3. Rd: Häkle 2 fM in jede 2. fM (= 18 fM).
4. Rd: Häkle 2 fM in jede 3. fM (= 24 fM).
5. Rd: Häkle 2 fM in jede 4. fM (= 30 fM).
6. Rd: Häkle 2 fM in jede 5. fM (= 36 fM).
7. Rd: Häkle 2 fM in jede 6. fM (= 42 fM).
8.-11. Rd: Häkle 42 fM (= 42 fM).
12. Rd: Stich nur in die vorderen M-Glieder. Häkle 42 fM (42). Fb-Wechsel: weiter mit Catania in Soft Apricot.
13. Rd: Stich nur in die hinteren M-Glieder der 11. Rd. Häkle jede 6. und 7. fM zusammen (= 36 fM).

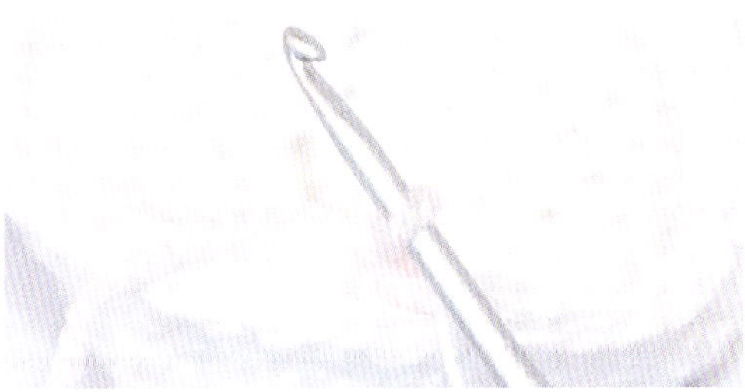

14. Rd: Häkle 36 fM (= 36 fM).
15. Rd: Häkle jede 5. und 6. fM zusammen (= 30 fM).
16. Rd: Häkle jede 4. und 5. fM zusammen (= 24 fM).
17. Rd: Häkle 24 fM (= 24 fM).

Stopfe den Körper aus, bis du die letzte Rd erreicht hast.

18. Rd: Häkle jede 3. und 4. fM zusammen (= 18 fM).
19. Rd: Häkle 18 fM (= 18 fM).

Masche ab und schneide den Faden so lang ab, dass du damit den Körper an den Kopf nähen kannst.

BEINE (2X)

Arbeite mit Catania in Soft Apricot.

1. Rd: Häkle 6 fM zu einem magischen Ring (= 6 fM).
2. Rd: Häkle 2 fM in jede fM (= 12 fM).
3. Rd: Häkle 2 fM in jede 2. fM (= 18 fM).
4.-5. Rd: Häkle 18 fM (= 18 fM).

Stopfe die Beine aus.

6. Rd: Häkle jede 2. und 3. fM zusammen (= 12 fM).
7. Rd: Häkle jede 2. und 3. fM zusammen (= 8 fM).
8.-9. Rd: Häkle 8 fM (= 8 fM).

Masche ab und schneide den Faden so lang ab, dass du damit die Beine an den Körper nähen kannst.

ARME (2X)

Arbeite mit Catania in Soft Apricot.

1. Rd: Häkle 6 fM zu einem magischen Ring (= 6 fM).
2.-16. Rd: Häkle 6 fM (= 6 fM).

Masche ab und schneide den Faden so lang ab, dass du damit die Arme an den Körper nähen kannst.

OHREN (2X)

Arbeite mit Catania in Soft Apricot.

1. Rd: Häkle 4 fM zu einem magischen Ring (= 4 fM).
2. Rd: Häkle 2 fM in jede fM (= 8 fM).
3. Rd: Häkle 2 fM in jede 2. fM (= 12 fM).
4.-5. Rd: Häkle 12 fM (= 12 fM).
6. Rd: Häkle jede 2. und 3. fM zusammen (= 8 fM).

Masche ab und schneide den Faden so lang ab, dass du damit die Ohren an den Kopf nähen kannst.

HAARLOCKE

Arbeite mit Catania in Löwenzahn.

1. R: Häkle eine Lm-Kette aus 32 Lm.

2. R: Häkle 2 hStb in jede Lm (= 60 fM).

Masche ab und schneide den Faden so lang ab, dass du damit die Haarlocke oben auf den Kopf nähen kannst.

MÜTZE

Arbeite mit Catania in Hellblau.

1. Rd: Häkle 6 fM zu einem magischen Ring (= 6 fM).

2. Rd: Häkle 2 fM in jede fM (= 12 fM).

3. Rd: Häkle 2 fM in jede 2. fM (= 18 fM).

4.-5. Rd: Häkle 18 fM (= 18 fM).

6. Rd: Häkle 2 fM in jede 3. fM (= 24 fM).

7.-8. Rd: Häkle 24 fM (= 24 fM).

9. Rd: Häkle 2 fM in jede 4. fM (= 30 fM).

10.-11. Rd: Häkle 30 fM (= 30 fM).

12. Rd: Häkle 2 fM in jede 5. fM (= 36 fM).

13.-14. Rd: Häkle 36 fM (= 36 fM).

15. Rd: Häkle 2 fM in jede 6. fM (= 42 fM).

16.-17. Rd: Häkle 42 fM (= 42 fM).

18. Rd: Häkle 2 fM in jede 7. fM (= 48 fM).

19.-26. Rd: Häkle 48 fM (= 48 fM).

27. Rd: Häkle 2 fM in jede 8. fM (= 54 fM).

28.-45. Rd: Häkle 54 fM (= 54 fM).

46. Rd: Häkle 2 fM in jede 9. fM (= 60 fM).

47.-56. Rd: Häkle 60 fM (= 60 fM).

57. Rd: Häkle 2 fM in jede 10. fM (= 66 fM).

58. Rd: Häkle 2 fM in jede 11. fM (= 72 fM).

59.-62. Rd: Häkle 72 fM (= 72 fM).

Masche ab und vernähe den Faden.

BOMMEL

Arbeite mit Brazilia in Weiß.

1. Rd: Häkle 6 fM zu einem magischen Ring (= 6 fM).

2. Rd: Häkle 2 fM in jede fM (= 12 fM).

3. Rd: Häkle 2 fM in jede 2. fM (= 18 fM).

4. Rd: Häkle 2 fM in jede 3. fM (= 24 fM).

5.-6. Rd: Häkle 24 fM (= 24 fM).

7. Rd: Häkle jede 3. und 4. fM zusammen (= 18 fM).

Stopfe den Bommel aus.

8. Rd: Häkle jede 2. und 3. fM zusammen (= 12 fM).

9. Rd: Häkle immer 2 fM zusammen (= 6 fM).

Masche ab und schneide den Faden so lang ab, dass du den Bommel damit an die Mütze nähen kannst.

FERTIGSTELLEN

Nähe den Körper an den Kopf und achte darauf, dass der Körper am Hals nicht zu fest ausgestopft wird. Schlafmütz' schläft oft ein, und daher sieht es besser aus, wenn der Kopf ein wenig nach vorne sinken kann. Die Beine habe ich zwischen der 6. und 8. Rd angenäht. Die Arme sind 1 Rd tiefer als der Kopf angesetzt. Sticke zwischen der 20. und 21. Rd die Augen auf und nähe die Ohren an beiden Seiten exakt in Höhe der Augen an.

Rotznase junior

SCHWIERIGKEITSGRAD ★☆☆☆☆

Ein kleiner Affe ohne schwierige Maschen. Nur bei dem Sabberfleck auf seinem Kopf musst du ein wenig aufpassen.

Rotznase junior ist das Kuscheltier von Schlafmütz'. Schlafmütz' sabbert ziemlich viel im Schlaf. Offensichtlich ist das ansteckend, denn Rotznase junior tut das auch: Er ist oft erkältet und hat ein Rotzproblem. Er versteht sich aufs Schlafen und tut es daher fast ständig.

MATERIAL

* Schachenmayr original Catania (LL 125 m/50 g) in Crème (Fb 130), Kaffee (Fb 162) und Hellblau (Fb 173), je 50 g
* Füllwatte
* 2 Augen, ø 6 mm
* Sticktwist in Schwarz für den Mund
* Häkelnadel 3,0 mm

WEISSES GESICHT

Arbeite mit Catania in Crème.

1. Rd: Häkle 6 fM zu einem magischen Ring (= 6 fM).
2. Rd: Häkle 2 fM in die 2., 3., 5. und 6. fM (= 10 fM).
3. Rd: Häkle 1 fM, 2 hStb in die 2. fM, 2 Stb in die 3. fM, 2 hStb in die 4. fM, 2 fM, 2 hStb in die 7. fM, 2 Stb in die 8. fM, 2 hStb in die 9. fM, 1 fM (= 16 fM).

Masche ab und schneide den Faden so lang ab, dass du damit das Gesicht an den Kopf nähen kannst.

KOPF

Arbeite mit Catania in Kaffee.

1. Rd: Häkle 6 fM zu einem magischen Ring (= 6 fM).
2. Rd: Häkle 2 fM in jede fM (= 12 fM).
3. Rd: Häkle 2 fM in jede 2. fM (= 18 fM).
4. Rd: Häkle 2 fM in jede 3. fM (= 24 fM).
5. Rd: Häkle 2 fM in jede 4. fM (= 30 fM).
6. Rd: Häkle 2 fM in jede 5. fM (= 36 fM).
7. Rd: Häkle 2 fM in jede 6. fM (= 42 fM).
8.-9. Rd: Häkle 42 fM (= 42 fM).
10. Rd: Häkle jede 6. und 7. fM zusammen (= 36 fM).
11. Rd: Häkle jede 5. und 6. fM zusammen (= 30 fM).
12. Rd: Häkle jede 4. und 5. fM zusammen (= 24 fM).
13. Rd: Häkle jede 3. und 4. fM zusammen (= 18 fM).

Setze die Augen mit einem Abstand von 4 M in der 3. Rd des weißen Gesichts und in der 8. Rd des Kopfs ein. Nähe das weiße Gesicht an den Kopf. Stopfe den Kopf aus, bis du die letzte Rd erreicht hast.

14. Rd: Häkle jede 2. und 3. fM zusammen (= 12 fM).

15. Rd: Häkle immer 2 fM zusammen (= 6 fM).
Masche ab und vernähe den Faden.

OHREN (2X)

Arbeite mit Catania in Kaffee.

1. Rd: Häkle 5 fM zu einem magischen Ring (= 5 fM).
2. Rd: Häkle 2 fM in jede fM (= 10 fM).
3. Rd: Häkle 2 fM in jede 2. fM, aber nur bis zur 13. fM.

Masche das Ohr ab und schneide den Faden so lang ab, dass du damit das Ohr an den Kopf nähen kannst. Vernähe den Faden am Anfang.

BEINE UND KÖRPER

Arbeite erst Bein 1, dann häkelst du Bein 2 an Bein 1 und darüber den Körper.

BEIN 1

Beginne mit Catania in Crème.

1. Rd: Häkle 6 fM zu einem magischen Ring (= 6 fM).
2. Rd: Häkle 2 fM in jede fM (= 12 fM).
3.-4. Rd: Häkle 12 fM (= 12 fM). Fb-Wechsel: weiter mit Catania in Kaffee.
5.-8. Rd: Häkle 12 fM (= 12 fM).

Masche ab und vernähe den Faden.

BEIN 2 UND KÖRPER

1.-8. Rd: Häkle Bein 2 genau wie Bein 1. Masche aber NICHT ab.
9.-12. Rd: Häkle über Bein 1 und 2 hinweg 24 fM (= 24 fM).
13. Rd: Häkle jede 7. und 8. fM zusammen (= 21 fM).
14. Rd: Häkle jede 6. und 7. fM zusammen (= 18 fM).

Stopfe die Beine und den Körper aus, bis du die letzte Rd erreicht hast.

15. Rd: Häkle jede 5. und 6. fM zusammen (= 15 fM).
16. Rd: Häkle jede 4. und 5. fM zusammen (= 12 fM).

Masche ab und schneide den Faden so lang ab, dass du damit den Körper an den Kopf nähen kannst.

ARME (2X)

Beginne mit Catania in Crème.

1. Rd: Häkle 6 fM zu einem magischen Ring (6).
2.-3. Rd: Häkle 6 fM (6). Fb-Wechsel: weiter mit Catania in Kaffee.
4.-10. Rd: Häkle 6 fM (6).

Masche ab und schneide den Faden so lang ab, dass du damit die Arme an den Körper nähen kannst.

SCHWANZ

Arbeite mit Catania in Crème.

1. Rd: Häkle 4 fM zu einem magischen Ring (4).
2. Rd: Häkle 2 fM in jede fM (8).
3.-18. Rd: Häkle 8 fM (8).

Stopfe den Schwanz aus. Masche ab und schneide den Faden so lang ab, dass du damit den Schwanz an den Körper nähen kannst.

ROTZTROPFEN

Verwende Catania in Hellblau.

1. Rd: Häkle 6 fM zu einem magischen Ring (6).
2. Rd: Häkle 2 fM in jede 2. fM (9).
3. Rd: Häkle die 2. und 3. fM zusammen (6).
4. Rd: Häkle immer 2 fM zusammen (3).
5. Rd: Häkle 3 fM (3).

Masche ab und schneide den Faden so lang ab, dass du damit den Tropfen an den Kopf nähen kannst.

SABBERFLECK

Arbeite mit Catania in Hellblau.

1. Rd: Häkle 6 fM zu einem magischen Ring (= 6 fM).

2. Rd: Häkle 2 fM in jede fM (= 12 fM).

3. Rd: Häkle 7 Lm, 5 hStb an der Lm-Kette zurück, 1 Km in die 1. fM, 2 fM, 4 Lm, 2 hStb an der Lm-Kette zurück, 1 Km in die 4. fM, 2 fM, 5 Lm, 3 hStb an der Lm-Kette zurück, 1 Km in die 7. fM, 2 fM, 6 Lm, 4 hStb an der Lm-Kette zurück, 1 Km in die 10. fM, 2 fM.

Masche ab und schneide den Faden so lang ab, dass du damit den Sabberfleck an den Kopf nähen kannst.

FERTIGSTELLEN

Sticke mit schwarzem Sticktwist ein kleines gerades Mündchen auf die 2. Rd. Den Rotztropfen bringst du nicht genau in die Mitte an, sondern zwischen Mitte und Auge. Nähe die Arme in der Rd direkt unter dem Kopf an.

Rotznase senior

SCHWIERIGKEITSGRAD ★★☆☆☆

Das Gesicht musst du aus Stäbchen und halben Stäbchen häkeln, damit es oval wird.

Rotznase senior ist die große Ausgabe von Rotznase junior. Auch er ist oft erkältet, wahrscheinlich steckt ihn Rotznase junior immer wieder an. Aufgrund einer allergischen Reaktion verloren die Schwänze der Affen ihre Farbe und wurden weiß.

Rotznasen vertragen Kälte nicht, daher musst du sie so dicht wie möglich am Körper tragen, viel schmusen und in warme Decken wickeln.

MATERIAL

* Schachenmayr original Catania (LL 125 m/50 g) in Crème (Fb 130), Kaffee (Fb 162) und Hellblau (Fb 173), je 50 g
* Füllwatte
* 2 Augen, ø 12 mm
* Sticktwist in Schwarz für den Mund
* Häkelnadel 3,0 mm

KOPF

Beginne mit Catania in Crème.

1. Rd: Häkle 6 fM zu einem magischen Ring (= 6 fM).

2. Rd: Häkle 2 fM in jede fM (= 12 fM).

3. Rd: Häkle 2 fM in jede 2. fM (= 18 fM).

4. Rd: Häkle 2 fM in jede 3. fM (= 24 fM).

5. Rd: Häkle 24 fM (= 24 fM).

6. Rd: Häkle 3 fM, 2 fM in die 4. fM, 1 hStb. in die 5.-7. fM, 2 hStb in die 8. fM, 1 fM in die 9.-11. fM, 2 fM in die 12. fM, 1 fM in die 13.-15. fM, 2 fM in die 16. fM, 1 hStb in die 17.-19. fM, 2 hStb in die 20. fM, 1 fM in die 21.-23. fM, 2 fM in die 24. fM (= 30 fM).

7. Rd: Häkle 4 fM, 2 fM in die 5. M, 1 hStb. in die 6.-9. M, 2 hStb in die 10. M, 1 fM in die 11.-14. M, 2 fM in die 15. M, 1 fM in die 16.-19. M, 2 fM in die 20. M, 1 hStb in die 21.-24. M, 2 hStb in die 25. M, 1 fM in die 26.-29. M, 2 fM in die 30. M (= 36 fM).

8. Rd: Häkle 5 fM, 2 fM in die 6. M, 1 hStb. in die 7.-11. M, 2 hStb in die 12. M, 1 fM in die 13.-17. M, 2 fM in die 18. M, 1 fM in die 19.-23. M, 2 fM in die 24. M, 1 hStb in die 25.-29. M, 2 hStb in die 30. M, 1 fM in die 31.-35. M, 2 fM in die 36. M (= 42 fM).

9. Rd: Häkle 6 fM, 2 hStb. in die 7. M, 1 Stb in die 8.-13. M, 2 hStb in die 14. M, 1 fM in die 15.-20. M, 2 fM in die 21. M, 1 fM in die 22.-27. M, 2 hStb. in die 28. M, 1 Stb in die 29.-34. M, 2 hStb in die 35. M, 1 fM in die 36.-41. M, 2 fM in die 42. M (= 48 fM). Fb-Wechsel: weiter mit Catania in Kaffee und fM.

10. Rd: Häkle 2 fM in jede 8. M (= 54 fM).

11. Rd: Häkle 2 fM in jede 9. fM (= 60 fM).

12. Rd: Häkle 2 fM in jede 10. fM (= 66 fM).

13.-14. Rd: Häkle 66 fM (= 66 fM).

15. Rd: Häkle 2 fM in jede 11. fM (= 72 fM).

16.-19. Rd: Häkle 72 fM (= 72 fM).

20. Rd: Häkle jede 11. und 12. fM zusammen (= 66 fM).

21. Rd: Häkle 66 fM (= 66 fM).

22. Rd: Häkle jede 10. und 11. fM zusammen (= 60 fM).

23. Rd: Häkle 60 fM (= 60 fM).

24. Rd: Häkle jede 9. und 10. fM zusammen (= 54 fM).

25. Rd: Häkle 54 fM (= 54 fM).

26. Rd: Häkle jede 8. und 9. fM zusammen (= 48 fM).

27. Rd: Häkle jede 7. und 8. fM zusammen (= 42 fM).

Setze die Augen mit einem Abstand von 11 M in der 6. Rd ein.

28. Rd: Häkle jede 6. und 7. fM zusammen (= 36 fM).

29. Rd: Häkle jede 5. und 6. fM zusammen (= 30 fM).

30. Rd: Häkle jede 4. und 5. fM zusammen (= 24 fM).

Stopfe den Kopf aus, bis du die letzte Rd erreicht hast.

31. Rd: Häkle jede 3. und 4. fM zusammen (= 18 fM).

32. Rd: Häkle jede 2. und 3. fM zusammen (= 12 fM).

33. Rd: Häkle immer 2 fM zusammen (6).

Masche ab und vernähe den Faden.

BEINE (2X)

Beginne mit Catania in Crème.

1. Rd: Häkle 6 fM zu einem magischen Ring (= 6 fM).
2. Rd: Häkle 2 fM in jede fM (= 12 fM).
3. Rd: Häkle 2 fM in jede 2. fM (= 18 fM).
4. Rd: Häkle 2 fM in jede 3. fM (= 24 fM).
5. Rd: Stich nur in die hinteren M-Glieder. Häkle 24 fM (= 24 fM).

6.-8. Rd: Häkle 24 fM (= 24 fM).

9. Rd: Häkle jede 3. und 4. fM zusammen (= 18 fM).

Fb-Wechsel: weiter mit Catania in Kaffee.

10. Rd: Häkle 18 fM (= 18 fM).

11. Rd: Häkle jede 5. und 6. fM zusammen (= 15 fM).

12.-24. Rd: Häkle 15 fM (= 15 fM).

Masche das 1. Bein ab. Masche das 2. Bein NICHT ab, sondern häkle den Körper über beide Beine.

KÖRPER

25. Rd: Häkle 30 fM (= 30 fM).
26. Rd: Häkle 2 fM in jede 5. fM (= 36 fM).
27. Rd: Häkle 2 fM in jede 6. fM (= 42 fM).
28. Rd: Häkle 2 fM in jede 7. fM (= 48 fM).

29.-33. Rd: Häkle 48 fM (= 48 fM).

34. Rd: Häkle jede 7. und 8. fM zusammen (= 42 fM).

35.-36. Rd: Häkle 42 fM (= 42 fM).

37. Rd: Häkle jede 6. und 7. fM zusammen (= 36 fM).

38.-39. Rd: Häkle 36 fM (= 36 fM).

40. Rd: Häkle jede 5. und 6. fM zusammen (= 30 fM).
41. Rd: Häkle 30 fM (= 30 fM).

Stopfe die Beine und den Körper aus, bis du die letzte Rd erreicht hast. Stopfe die Enden der Beine nicht zu fest aus, damit sich die Beine noch beugen lassen.

42. Rd: Häkle jede 4. und 5. fM zusammen (= 24 fM).
43. Rd: Häkle 24 fM (= 24 fM).
44. Rd: Häkle jede 3. und 4. fM zusammen (= 18 fM).

45.-46. Rd: Häkle 18 fM (= 18 fM).

Masche ab und schneide den Faden so lang ab, dass du damit den Körper an den Kopf nähen kannst.

SCHWANZ

Arbeite mit Catania in Crème.

1. Rd: Häkle 6 fM zu einem magischen Ring (= 6 fM).
2. Rd: Häkle 2 fM in jede fM (= 12 fM).

3.-40. Rd: Häkle 12 fM (= 12 fM).

Masche ab und schneide den Faden so lang ab, dass du damit den Schwanz an den Körper nähen kannst.

OHREN (2X)

Arbeite mit Catania in Kaffee.

1. Rd: Häkle 6 fM zu einem magischen Ring (= 6 fM).
2. Rd: Häkle 2 fM in jede fM (= 12 fM).
3. Rd: Häkle 2 fM in jede 2. fM (= 18 fM).
4. Rd: Häkle 2 fM in jede 3. fM (= 24 fM).
5. Rd: Häkle 2 fM in jede 4. fM (= 30 fM).

6.-9. Rd: Häkle 30 fM (= 30 fM).

10. Rd: Häkle jede 4. und 5. fM zusammen (= 24 fM).
11. Rd: Häkle jede 3. und 4. fM zusammen (= 18 fM).

Masche ab und schneide den Faden so lang ab, dass du damit die Ohren an den Kopf nähen kannst.

ARME (2X)

Beginne mit Catania in Crème.

1. Rd: Häkle 6 fM zu einem magischen Ring (= 6 fM).
2. Rd: Häkle 6 fM (= 6 fM).
3. Rd: Häkle 2 fM in jede fM (= 12 fM).
4. Rd: Häkle 12 fM (= 12 fM).
5. Rd: Häkle 2 fM in jede 2. fM (= 18 fM).

6.-8. Rd: Häkle 18 fM (= 18 fM).

9. Rd: Häkle jede 5. und 6. fM zusammen (= 15 fM).
10. Rd: Häkle jede 2. und 3. fM zusammen (= 10 fM).

Fb-Wechsel: weiter mit Catania in Kaffee.

11.-30. Rd: Häkle 10 fM (= 10 fM).

Masche ab und schneide den Faden so lang ab, dass du damit die Arme an den Körper nähen kannst.

ROTZTROPFEN

Arbeite mit Catania in Hellblau.

1. Rd: Häkle 6 fM zu einem magischen Ring (= 6 fM).
2. Rd: Häkle 2 fM in jede fM (= 12 fM).
3. Rd: Häkle 12 fM (= 12 fM).
4. Rd: Häkle 2 fM in jede 4. fM (= 15 fM).
5. Rd: Häkle 15 fM (= 15 fM).
6. Rd: Häkle jede 4. und 5. fM zusammen (= 12 fM).
7. Rd: Häkle jede 3. und 4. fM zusammen (= 9 fM).
8. Rd: Häkle jede 2. und 3. fM zusammen (= 6 fM).
9. Rd: Häkle 6 fM (= 6 fM).

10. Rd: Häkle immer 2 fM zusammen (= 3 fM).
Masche ab und schneide den Faden so lang ab, dass du damit den Tropfen an den Kopf nähen kannst.

SABBERFLECK

Arbeite mit Catania in Hellblau.

1. Rd: Häkle 6 fM zu einem magischen Ring (= 6 fM).
2. Rd: Häkle 2 fM in jede fM (= 12 fM).
3. Rd: Häkle 2 fM in jede 2. fM (= 18 fM).
4. Rd: Häkle 2 fM in jede 3. fM (= 24 fM).
5. Rd: Häkle 3 fM, eine Kette aus 11 Lm, 9 hStb an der Lm-Kette zurück, 3 fM,
eine Kette aus 5 Lm, 3 hStb an der Lm-Kette zurück, 1 fM,
eine Kette aus 7 Lm, 5 hStb an der Lm-Kette zurück, 3 fM,
eine Kette aus 11 Lm, 9 hStb an der Lm-Kette zurück, 1 fM,
eine Kette aus 3 Lm, 1 hStb an der Lm-Kette zurück, 3 fM,
eine Kette aus 3 Lm, 1 hStb an der Lm-Kette zurück, 1 fM,
eine Kette aus 7 Lm, 5 hStb an der Lm-Kette zurück, 3 fM,
eine Kette aus 5 Lm, 3 hStb an der Lm-Kette zurück, 3 fM,
eine Kette aus 11 Lm, 9 hStb an der Lm-Kette zurück, 3 fM,
eine Kette aus 7 Lm, 5 hStb an der Lm-Kette zurück.

Masche ab und vernähe den Faden.

FERTIGSTELLEN

Nähe die Ohren in der 16. und 17. Rd, den Körper in der 12.-17. Rd des Kopfes an. Der Rotztropfen befindet sich in der Mitte der 2. Rd. Sticke den Mund in einer geraden Linie in der 5. Rd auf.

Vierauge

SCHWIERIGKEITSGRAD ★★★☆☆

Statt Brazilia geht jede andere weiße oder cremefarbene Wolle. Dann wird Vierauge vielleicht nicht ganz so flauschig. Die Brille kann schwierig sein.

Aus unbegreiflichen Gründen will Vierauge immer der Nerd sein, aber dafür ist er nicht intelligent genug. Da er schlecht sieht, braucht er eine sehr große Brille, daher auch sein Name. Er versteht sich gerne als Pfiffikus im Freundeskreis, doch ist er das wirklich? „Man kann es erst sehen, wenn man gut hinguckt", lautet eine seiner typischen Aussagen. Vierauge ist ein wenig ungeschickt, da er nur kurze Flügel (er kann auch noch nicht fliegen) und Beine hat.

Vierauge sieht ausgerechnet in seiner unmittelbaren Nähe schlecht, deshalb setzt er sich immer ein Stückchen weiter weg.

MATERIAL

* Schachenmayr original Brazilia (LL 90 m/50 g) in Weiß (Fb 01), 50 g
* Schachenmayr original Catania (LL 125 m/50 g) in Orange (Fb 281) und Silber (Fb 172), je 50 g
* Füllwatte
* 2 Augen, ø 12 mm
* Häkelnadel 3,0 mm

KÖRPER

Arbeite mit Brazilia in Weiß.

1. R: Häkle eine Lm-Kette aus 7 Lm.

2. Rd: Häkle 5 fM, 3 fM in die letzte fM, weiter auf der anderen Seite der Lm-Kette, 4 fM, 2 fM in die letzte fM (= 14 fM).

3. Rd: Häkle 2 fM in die 1., 7., 8. und 14. fM (= 18 fM).

4. Rd: Häkle 2 fM in die 2., 8., 11. und 18. fM (= 22 fM).

5. Rd: Häkle 2 fM in die 2., 3., 9., 10., 13., 14., 20. und 21. fM (= 30 fM).

6. Rd: Häkle 2 fM in die 3., 4., 12., 13., 18., 19., 27. und 28. fM (= 38 fM).

7.-12. Rd: Häkle 38 fM (= 38 fM).

13. Rd: Häkle die 4. und 5., 15. und 16., 23. und 24., 34. und 35. fM zusammen (= 34 fM).

14.-16. Rd: Häkle 34 fM (= 34 fM).

17. Rd: Häkle die 4. und 5., 13. und 14., 21. und 22., 30. und 31. fM zusammen (= 30 fM).

18. Rd: Häkle 30 fM (= 30 fM).

19. Rd: Häkle die 3. und 4., 12. und 13., 18. und 19., 27. und 28. fM zusammen (= 26 fM).

20.-21. Rd: Häkle 26 fM (= 26 fM).

22. Rd: Häkle die 3. und 4., 15. und 16. fM zusammen (= 24 fM).

Setze die Augen mit einem Abstand von 4 M in der 15. Rd ein.
Stopfe den Körper aus, bis du die letzte Rd erreicht hast.

23. Rd: Häkle 24 fM (= 24 fM).

24. Rd: Häkle jede 3. und 4. fM zusammen (= 18 fM).

25. Rd: Häkle jede 2. und 3. fM zusammen (= 12 fM).

26. Rd: Häkle immer die nächsten 2 fM zusammen (= 6 fM).

Masche ab und vernähe den Faden.

SCHNABEL

Arbeite mit Catania in Orange.

1. Rd: Häkle 4 fM zu einem magischen Ring (= 4 fM).

2. Rd: Häkle 2 fM in jede 2. fM (= 6 fM).

3. Rd: Häkle 2 fM in jede 3. fM (= 8 fM).

Masche ab und schneide den Faden so lang ab, dass du damit den Schnabel an den Kopf nähen kannst. Der Schnabel braucht nicht ausgestopft zu werden.

FLÜGEL (2X)

Arbeite mit Brazilia in Weiß.

1. Rd: Häkle 6 fM zu einem magischen Ring (= 6 fM).

2. Rd: Häkle 2 fM in jede fM (= 12 fM).

3. Rd: Häkle 2 fM in jede 2. fM (= 18 fM).

4.-7. Rd: Häkle 18 fM (= 18 fM).

8. Rd: Häkle jede 2. und 3. fM zusammen (= 12 fM).

9.-11. Rd: Häkle 12 fM (= 12 fM).

Masche ab und schneide den Faden so lang ab, dass du damit die Flügel an den Körper nähen kannst.

SCHWANZ

Arbeite mit Brazilia in Weiß.

1. Rd: Häkle 6 fM zu einem magischen Ring (= 6 fM).

2. Rd: Häkle 2 fM in jede fM (= 12 fM).

3.-6. Rd: Häkle 12 fM (= 12 fM).

Masche ab und nähe den Schwanz an den Körper.

FÜSSE (2X)

Arbeite mit Catania in Orange.

1. R: Häkle eine Lm-Kette aus 7 Lm.

2. Rd: Häkle 5 fM, 3 fM in die letzte fM, weiter auf der anderen Seite der Lm-Kette, 4 fM, 2 fM in die letzte fM (= 14 fM).

3.-8. Rd: Häkle 14 fM (= 14 fM).

9. Rd: Häkle die 1. und 2., 8. und 9. fM zusammen (= 12 fM).

10. Rd: Häkle die 5. und 6., 11. und 12. fM zusammen (= 10 fM).

11. Rd: Häkle 10 fM (= 10 fM).

12. Rd: Häkle immer die nächsten 2 fM zusammen (= 5 fM).

Masche ab und schneide den Faden so ab, dass ein langes Stück hängen bleibt. Nähe mit diesem Faden einen Knick in die Vorderkante der Füße, sodass es nach Zehen aussieht, und nähe die Füße an die Unterseite des Körpers.

BRILLE

Arbeite mit Catania in Silber.

Zuerst häkelst du 2 große Kreise (die Brillengläser) und danach das Band, mit dem die Brille am Kopf befestigt wird.

Häkle eine Kette aus 25 Lm und schließe sie mit 1 Km zu einem Kreis. Jetzt arbeitest du um den Ring herum. Häkle so viele fM um den Ring, dass er wirklich stabil wird. Ich habe 43 fM um 1 Ring gehäkelt. Doch wenn deiner noch fester werden soll, häkelst du einfach noch mehr fM. Masche den 1. Ring ab und vernähe den Faden. Dann häkelst du den 2. Ring mit 2 fM an den 1. Ring. Für das Band zur Befestigung der Brille häkelst du seitlich an einem Ring 1 fM und eine Kette aus 20 Lm. Häkle anschließend 20 fM über die Lm-Kette zurück. Masche ab und vernähe den Faden.

FERTIGSTELLEN

Nähe die Flügel genau wie die Augen in der 15. Rd an. Nähe ein paar Haarbüschel oben auf den Kopf. Schneide dafür 3 gleich lange Fäden ab. Lege 1 Faden doppelt, stecke die Häkelnd oben auf dem Kopf durch eine fM, ziehe eine kurze Schlaufe hindurch, hole beide Fadenenden durch diese Schlaufe und ziehe sie fest. Den Schwanz nähst du in der 20. und 21. Rd an.

Katzenlady

SCHWIERIGKEITSGRAD ★★★★★

Die Haare sind wirklich eine Herausforderung, dafür brauchst du viel Geduld. Nimm dir genügend Zeit, das Ergebnis lohnt sich.

Katzenlady ist DenDennis' jüngeres Nachbarsmädchen und verrückt nach Katzen. Ihr Zimmer hängt voller Katzenposter, sie hat eine riesige Sammlung Katzenbücher und spricht eigentlich nur über Katzen. Ihre Stimme klingt wie das Miauen einer Katze, und ihre Fingernägel ähneln immer stärker Katzenkrallen.

DenDennis findet sie manchmal ein bisschen einseitig und glaubt, dass sie bestimmt bald selbst zu einer Katze werden wird, wenn das so weitergeht.

MATERIAL

* Schachenmayr original Catania (LL 125 m/50 g) in Soft Apricot (Fb 263), Cyclam (Fb 114), Fango (Fb 387), Crème (Fb 130) und Sonne (Fb 208), je 50 g
* Füllwatte
* 2 Augen, ø 12 mm
* Sticktwist in Schwarz
* Häkelnadel 3,0 mm

KOPF UND KÖRPER

Arbeite mit Catania in Soft Apricot.

1. Rd: Häkle 6 fM zu einem magischen Ring (= 6 fM).
2. Rd: Häkle 2 fM in jede fM (= 12 fM).
3. Rd: Häkle 2 fM in jede 2. fM (= 18 fM).
4. Rd: Häkle 2 fM in jede 3. fM (= 24 fM).
5. Rd: Häkle 2 fM in jede 4. fM (= 30 fM).
6. Rd: Häkle 2 fM in jede 5. fM (= 36 fM).
7. Rd: Häkle 2 fM in jede 6. fM (= 42 fM).
8. Rd: Häkle 2 fM in jede 7. fM (= 48 fM).
9. Rd: Häkle 2 fM in jede 8. fM (= 54 fM).

10.-24. Rd: Häkle 54 fM (= 54 fM).

25. Rd: Häkle jede 8. und 9. fM zusammen (= 48 fM).
26. Rd: Häkle jede 7. und 8. fM zusammen (= 42 fM).

Setze die Augen mit einem Abstand von 8 M in der 18. Rd ein.

27. Rd: Häkle jede 6. und 7. fM zusammen (= 36 fM).
28. Rd: Häkle jede 5. und 6. fM zusammen (= 30 fM).
29. Rd: Häkle jede 4. und 5. fM zusammen (= 24 fM).
30. Rd: Häkle jede 3. und 4. fM zusammen (= 18 fM).

Stopfe den Kopf aus und Häkle jetzt den Körper.

31. Rd: Stich nur in die vorderen M-Glieder. Häkle 18 fM (= 18 fM).
32. Rd: Häkle 2 fM in jede 3. fM (= 24 fM).
33. Rd: Häkle 2 fM in jede 4. fM (= 30 fM).

34.-41. Rd: Häkle 30 fM (= 30 fM). Fb-Wechsel: weiter mit Catania in Cyclam.

42. Rd: Häkle 30 fM (= 30 fM).
43. Rd: Häkle jede 4. und 5. fM zusammen (= 24 fM).
44. Rd: Häkle jede 3. und 4. fM zusammen (= 18 fM).

Stopfe den Körper bis zur letzten Rd aus.

45. Rd: Häkle jede 2. und 3. fM zusammen (= 12 fM).
46. Rd: Häkle immer 2 fM zusammen (= 6 fM).

Masche ab und vernähe den Faden.

OHREN (2X)

Arbeite mit Catania in Soft Apricot.

1. Rd: Häkle 5 fM zu einem magischen Ring (= 5 fM).
2. Rd: Häkle 2 fM in jede fM (= 10 fM).

3.-4. Rd: Häkle 10 fM (= 10 fM).

Masche ab und schneide den Faden so lang ab, dass du damit die Ohren an den Kopf nähen kannst.

FÜSSE UND BEINE (2X)

Arbeite mit Catania in Soft Apricot.

1. Rd: Häkle 5 fM zu einem magischen Ring (= 5 fM).
2. Rd: Häkle 2 fM in jede fM (= 10 fM).
3. Rd: Häkle 2 fM in jede 2. fM (= 15 fM).
4. Rd: Häkle 2 fM in jede 3. fM (= 20 fM).
5. Rd: Stich nur in die hinteren M-Glieder. Häkle 20 fM (= 20 fM).
6. Rd: Häkle die 7. und 8., 9. und 10., 11. und 12., 13. und 14. fM zusammen (= 16 fM).
7. Rd: Häkle die 1. und 2., 7. und 8., 9. und 10., 15. und 16. fM zusammen (= 12 fM).
8. Rd: Häkle die 1. und 2., 11. und 12. fM zusammen (= 10 fM).

9.-14. Rd: Häkle 10 fM (= 10 fM).

Masche ab und schneide den Faden so lang ab, dass du damit die Beine an den Körper nähen kannst.

ARME (2X)

Arbeite mit Catania in Soft Apricot.

1. Rd: Häkle 6 fM zu einem magischen Ring (= 6 fM).
2. Rd: Häkle 2 fM in jede fM (= 12 fM).
3.-5. Rd: Häkle 12 fM (= 12 fM).
6. Rd: Häkle jede 2. und 3. fM zusammen (= 8 fM).
7.-17. Rd: Häkle 8 fM (= 8 fM).

Masche ab und schneide den Faden so lang ab, dass du damit die Arme an den Körper nähen kannst.

SCHUHE (2X)

Arbeite mit Catania in Fango.

1. Rd: Häkle 6 fM zu einem magischen Ring (= 6 fM).
2. Rd: Häkle 2 fM in jede fM (= 12 fM).
3. Rd: Häkle 2 fM in jede 2. fM (= 18 fM).
4. Rd: Häkle 2 fM in jede 3. fM (= 24 fM).
5. Rd: Stich nur in die hinteren M-Glieder. Häkle 24 fM (= 24 fM).
6. Rd: Häkle die 8. und 9., 10. und 11., 12. und 13., 14. und 15., 16. und 17. fM zusammen (= 19 fM).
7. Rd: Häkle 7 fM, 1 Lm, wende, 14 fM, 1 Lm, wende, 14 fM, 7 Lm und häkle die Lm-Kette mit 1 Km an den Schuh.

Masche ab und vernähe den Faden.

SCHWANZ

Beginne mit Catania in Crème.

1. Rd: Häkle 5 fM zu einem magischen Ring (= 5 fM).
2. Rd: Häkle 2 fM in jede fM (= 10 fM).
3. Rd: Häkle 2 fM in jede 2. fM (= 15 fM).
4.-8. Rd: Häkle 15 fM (= 15 fM). Fb-Wechsel: weiter mit Catania in Fango.
9.-22. Rd: Häkle 15 fM (= 15 fM).
23. Rd: Häkle jede 4. und 5. fM zusammen (= 12 fM).
24.-28. Rd: Häkle 12 fM (= 12 fM).
29. Rd: Häkle jede 3. und 4. fM zusammen (= 9 fM).
30.-38. Rd: Häkle 9 fM (= 9 fM).

Masche ab und schneide den Faden so lang ab, dass du damit den Schwanz an den Körper nähen kannst.

KATZENOHREN (2X)

Arbeite mit Catania in Fango.

1. Rd: Häkle 6 fM zu einem magischen Ring (= 6 fM).
2. Rd: Häkle 6 fM (= 6 fM).
3. Rd: Häkle 2 fM in jede fM (= 12 fM).
4.-5. Rd: Häkle 12 fM (= 12 fM).
6. Rd: Häkle 2 fM in jede 4. fM (= 15 fM).
7.-8. Rd: Häkle 15 fM (= 15 fM).
9. Rd: Häkle 2 fM in jede 5. fM (= 18 fM).
10.-12. Rd: Häkle 18 fM (=18 fM).

Masche ab und schneide den Faden so lang ab, dass du damit die Katzenohren an den Kopf nähen kannst.

Innenohren (2x)

Arbeite mit Catania in Crème.

1. R: Häkle eine Lm-Kette aus 6 Lm.
2. R: Häkle 5 fM (= 5 fM), 1 Lm, wende.
3. R: Häkle die 1. und 2., 4. und 5. fM zusammen (= 3 fM), 1 Lm und wende.
4. R: Häkle 3 fM (= 3 fM), 1 Lm, wende.
5. R: Häkle die 2. und 3. fM zusammen (= 2 fM), 1 Lm und wende.

6. R: Häkle 2 fM (= 2 fM), 1 Lm, wende.
7. R: Häkle die beiden fM zusammen.
Masche ab und nähe die Innenohren in die Katzenohren.

HAARE

Arbeite mit Catania in Sonne.

Die Haare sind ziemlich schwierig, dafür brauchst du viel Geduld. Nimm dir genügend Zeit und arbeite ganz nach Gefühl. Ich begann unten links im Nacken, in 1 fM 1 Locke zu häkeln. Anschließend arbeitete ich mich nach dem nebenstehenden Schema über den ganzen Kopf. Zwischen den Locken liegt jeweils ein Abstand von 3 fM. Auf dem Schema ist nur die Rückseite des Kopfes zu sehen. Sobald du die 4. und 5. R von unten erreicht hast, gehst du noch ein Stück weiter nach vorne, sodass eine Locke vor den Ohren liegt. Und wenn du ganz oben angekommen bist, arbeitest du vorne an den Katzenohren entlang ein Stück nach unten bis auf Höhe der 5. R und wieder zurück nach oben. Schau dir deinen Katzenlady einfach immer wieder an. Sollte noch irgendwo eine Locke fehlen, häkelst du sie einfach dazu.

1 Locke

1. R: Häkle eine Lm-Kette aus 17 Lm.
2. R: Häkle 2 hStb in jede Lm (30).

Hier siehst du das Schema, nach dem ich die Haare auf den Kopf gehäkelt habe.

KLEID

Arbeite mit Catania in Cyclam.

1. Rd: Häkle eine Lm-Kette aus 36 Lm. Schließe die Lm-Kette mit 1 Km zu einem Kreis (= 36 fM).

2.-11. Rd: Häkle 36 fM (= 36 fM).

12. Rd: Häkle 3 Stb und 1 Lm in jede fM (= 144 fM).

13. Rd: Häkle nur in die Lm zwischen den Stb der 12. Rd.

Häkle in jede Lm (1 fM, 3 Lm, 1fM), dann wieder 1 Lm, und weiter geht's mit der nächsten Lm (siehe Häkelschrift).
Masche ab und vernähe den Faden.

Zum Schluss häkelst du 2 Bänder, die in Katzenladys Nacken zusammengebunden werden. Häkle jeweils 1 Lm-Kette aus ± 30 Lm auf jeweils 1 fM oben am Kleid. Die Lm-Kette muss so lang sein, dass sie sich im Nacken binden lässt.

FERTIGSTELLEN

Sticke mit schwarzem Sticktwist 3 Wimpern um die Augen und ein kleines Mündchen. Mit einem Rest Catania in Soft Apricot stickst du in der 20. Rd über 3 fM eine kleine Nase. Die Arme nähst du in der 32. Rd an. Die Beine kommen nebeneinander genau an die Unterseite. Die Menschenohren werden zwischen der 17. und 22. Rd festgenäht, die Katzenohren zwischen der 3. und 10. Rd.

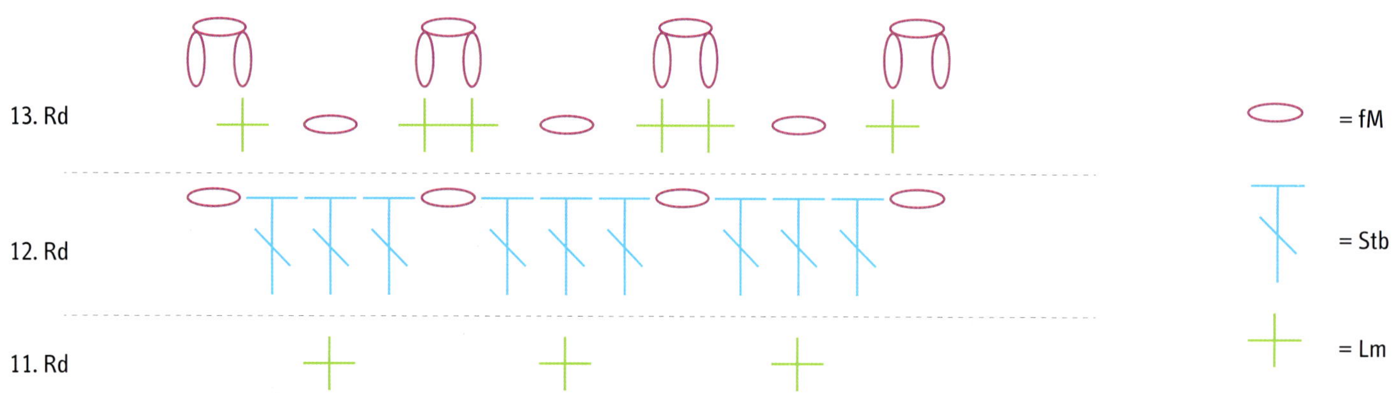

Minimiez

SCHWIERIGKEITSGRAD ★★☆☆☆

Einfache, kurze Anleitung, nur die Ohren und Beine machen etwas mehr Arbeit. Doch mithilfe der Fotos geht auch das leicht.

MATERIAL

* Schachenmayr original Catania (LL 125 m/50 g) in Fango (Fb 387), Crème (Fb 130), Terracotta (Fb 388) oder Sonne (Fb 208), je Reste
* Füllwatte
* 2 Augen, ø 5 mm
* Sticktwist in Schwarz
* Häkelnadel 3,0 mm

Minimiez ist natürlich die Lieblingskatze von Katzenlady, ohne die Katzenlady nicht komplett wäre. Minimiez würde gerne viele andere Freunde finden und die große weite Welt entdecken, doch sie kann Katzenlady nicht allein lassen. Liebevoll kümmert sie sich daher um Katzenlady, so lange diese immer leckere Milch für sie bereitstellt.

KÄTZCHEN

Arbeite mit Catania in Fango, Crème, Terracotta oder Sonne.

1. Rd: Häkle 6 fM zu einem magischen Ring (= 6 fM).
2. Rd: Häkle 2 fM in jede fM (= 12 fM).
3. Rd: Häkle 12 fM (= 12 fM).
4. Rd: Häkle 10 fM, 1 Ohr in die 11. fM, 1 fM (= 12 fM).
5. Rd: Häkle 1 fM, 1 Ohr in die 2. fM, 10 fM (12).

Setze die Augen mit einem Abstand von 2 M in der 2. Rd ein.

6. Rd: Häkle 4 fM, 1 Fuß in die 5. fM, 2 fM, 1 Fuß in die 8. fM, 4 fM (= 12 fM).

7.-10. Rd: Häkle 12 fM (= 12 fM).

11. Rd: Häkle 6 fM, 1 Fuß in die 7. fM, 2 fM, 1 Fuß in die 10. fM, 2 fM (= 12 fM).
12. Rd: Häkle 12 fM (= 12 fM).

Stopfe das Kätzchen aus.

13. Rd: Häkle immer 2 fM zusammen (= 6 fM).

Häkle jetzt den Schwanz.

14. R: Häkle eine Lm-Kette aus 12 Lm und 11 fM an der Lm-Kette entlang zurück.

Masche ab und vernähe den Faden.

OHREN UND FÜSSE

Ohr: Häkle 1 DStb und 1 fM in 1 fM.

Fuß: Häkle 3 DStb und 1 fM in 1 fM.

Achte darauf, bei den DStb die letzte Schlinge nicht durchzuziehen, sondern auf der Häkelnd zu lassen. Mit der fM ziehst du dann den Faden durch alle Schlingen auf der Häkelnd.

AUSFÜHRLICHE ANLEITUNG

Für die Ohren: Wickele den Faden 2x um die Häkelnd (Abb. 1). Stich mit der Häkelnd durch die nächste fM und hole den Faden. Jetzt liegen 4 Schlingen auf der Häkelnd (Abb. 2). Hole erneut den Faden und ziehe ihn durch die ersten beiden Schlingen auf der Häkelnd. Hole noch einmal den Faden und ziehe ihn durch die ersten beiden Schlingen auf der Häkelnd, sodass du noch 2 Schlingen auf der Häkelnd hast (Abb. 3). Stich mit der Häkelnd durch dieselbe fM, hole den Faden, sodass 3 Schlingen auf der Häkelnd liegen (Abb. 4). Jetzt holst du wieder den Faden und ziehst ihn durch alle 3 Schlingen. Sobald du den Faden festziehst, bildet sich aus dem DStb ein Kügelchen, das wie ein Ohr aussieht.

Für die Beine: Häkle 3 DStb anstelle eines einzigen (Abb. 5).

1

2

3

4

5

Quasselkopp

SCHWIERIGKEITSGRAD ★★★☆☆

Die Schwanzfedern sind ein bisschen schwieriger, ansonsten leicht zu häkeln.

DenDennis hatte einen Onkel, der als Oberst im Freiwilligenheer von Trinidad und Tobago diente. Eines Nachts wurde er von einem lauten, unzusammenhängenden Geplapper geweckt. Schnell entdeckte er ein etwas merkwürdig aussehendes Tier oben auf einer Palme – wohl eine Art Papagei. Das Vieh quasselte sich gerade den Schnabel fusselig. Da alle von diesem endlosen Gequassel fast verrückt wurden, beschloss DenDennis' Onkel, ihn zu adoptieren. Und er nannte ihn Oberst Quasselkopp, oder kurz Quasselkopp. Ganz zu Recht: Wenn Quasselkopp dabei ist, herrscht niemals Ruhe ...

Wenn die 15 mm großen Augen nicht durch das gehäkelte Stück passen, kannst du auch kleine schwarze Kreise aus Filz ausschneiden. Oder einen Kreis aus 2 Rd häkeln, 1. Rd: 6 fM – 2. Rd: 12 fM.

MATERIAL

* Schachenmayr original Catania (LL 125 m/50 g) in Apfel (Fb 205), Orange (Fb 281), Signalrot (Fb 115), Sonne (Fb 208), Weiß (Fb 106) und Golfgrün (Fb 241), je 50 g
* Füllwatte
* 2 Augen, ø 15 mm
* Pfeifenreiniger für die Beine
* Sticktwist in Schwarz für den Text in der Sprechblase
* Häkelnadel 2,0 mm

KOPF UND KÖRPER

Arbeite mit Catania in Apfel.

1. Rd: Häkle 6 fM zu einem magischen Ring (= 6 fM).
2. Rd: Häkle 2 fM in jede fM (= 12 fM).
3. Rd: Häkle 2 fM in jede 2. fM (= 18 fM).
4. Rd: Häkle 2 fM in jede 3. fM (= 24 fM).
5. Rd: Häkle 2 fM in jede 4. fM (= 30 fM).
6. Rd: Häkle 2 fM in jede 5. fM (= 36 fM).
7. Rd: Häkle 2 fM in jede 6. fM (= 42 fM).
8.-12. Rd: Häkle 42 fM (= 42 fM).

Markiere in der 9. Rd die 7. und 37. fM für die Augen.

13. Rd: Häkle jede 6. und 7. fM zusammen (= 36 fM).
14. Rd: Häkle jede 5. und 6. fM zusammen (= 30 fM).
15. Rd: Häkle 30 fM (= 30 fM).

Setze die Augen in den markierten fM der 9. Rd ein und stopfe den Kopf aus, auch beim Weiterhäkeln.

16. Rd: Häkle jede 4. und 5. fM zusammen (= 24 fM).
17. Rd: Häkle 24 fM (= 24 fM).
18. Rd: Häkle jede 3. und 4. fM zusammen (= 18 fM).
19. Rd: Häkle jede 2. und 3. fM zusammen (= 12 fM).
20. Rd: Häkle 12 fM (= 12 fM).
21. Rd: Häkle 2 fM in jede 2. fM (= 18 fM).
22. Rd: Häkle 18 fM (= 18 fM).
23. Rd: Häkle 2 fM in jede 3. fM (= 24 fM).
24. Rd: Häkle 2 fM in die 4., 8. und 12. fM (= 27 fM).
25. Rd: Häkle 2 fM in die 5., 10. und 15. fM (= 30 fM).
26. Rd: Häkle 2 fM in jede 5. fM (= 36 fM).
27.-28. Rd: Häkle 36 fM (= 36 fM).
29. Rd: Häkle jede 5. und 6. fM zusammen (= 30 fM).
30. Rd: Häkle 30 fM (= 30 fM).
31. Rd: Häkle jede 4. und 5. fM zusammen (= 24fM).
32.-33. Rd: Häkle die 3. und 4., 7. und 8., 11. und 12. fM zusammen,
Häkle 2 fM in die 18., 20. und 22. fM (= 24 fM).
34. Rd: Häkle jede 3. und 4. fM zusammen (= 18 fM).
35. Rd: Häkle jede 2. und 3. fM zusammen (= 12 fM).
36. Rd: Häkle immer 2 fM zusammen (= 6 fM).

Masche ab und vernähe den Faden.

SCHNABEL

Arbeite mit Catania in Orange.

1. Rd: Häkle 6 fM zu einem magischen Ring (= 6 fM).
2. Rd: Häkle 1 fM, 1 hStb, 2 Stb, 1 hStb, 1 fM (= 6 fM).
3. Rd: Häkle 2 fM in jede M (= 12 fM).
4. Rd: Häkle 2 fM, 2 hStb, 4 Stb, 2 hStb, 2 fM (= 12 fM).
5. Rd: Häkle 2 fM in jede 2. M (= 18 fM).
6.-7. Rd: Häkle 4 fM, 3 hStb, 4 Stb, 3 hStb, 4 fM (= 18 fM).

Masche ab und schneide den Faden so lang ab, dass du damit den großen Schnabel an den Kopf nähen kannst.

KLEINER SCHNABEL

Arbeite mit Catania in Orange.

1. Rd: Häkle 6 fM zu einem magischen Ring (= 6 fM).
2. Rd: Häkle 2 fM in jede fM (= 12 fM).
3. Rd: Häkle 2 fM in jede 2. fM (= 18 fM).
4. Rd: Häkle 2 fM in jede 3. fM (= 24 fM).

Lege den Kreis halb aufeinander und häkle ihn mit 10 fM zusammen. Masche ab und nähe den kleinen Schnabel unter den großen Schnabel.

KLEINER ZEH 1 (2X)

Arbeite mit Catania in Orange.

1. Rd: Häkle 3 fM zu einem magischen Ring (– 3 fM).

2. Rd: Häkle 2 fM in jede fM (= 6 fM).

3.-6. Rd: Häkle 6 fM (= 6 fM).

Masche ab und vernähe den Faden.

GROSSER ZEH 2 (2X)

Arbeite mit Catania in Orange.

1. Rd: Häkle 3 fM zu einem magischen Ring (= 3 fM).

2. Rd: Häkle 2 fM in jede fM (= 6 fM).

3.-8. Rd: Häkle 6 fM (= 6 fM).

9. Rd: Arbeite jetzt weiter über die M des kleinen Zehs und häkle so 12 fM über beide Zehen (= 12 fM).

10.-13. Rd: Häkle 12 fM (= 12 fM).

Stecke 2 Pfeifenreiniger in die Zehen, 1 in den kleinen und 1 in den großen Zeh.

14. Rd: Häkle immer 2 fM zusammen (= 6 fM).

15.-18. Rd: Häkle 6 fM (= 6 fM).

Masche ab und vernähe den Faden.

BEINE (2X)

Arbeite mit Catania in Apfel.

1. Rd: Häkle 6 fM oben über die Zehen (= 6 fM).

2. Rd: Häkle 2 fM in jede fM (= 12 fM).

3. Rd: Häkle 12 fM (= 12 fM).

Masche ab und schneide den Faden so lang ab, dass du damit die Beine an den Körper nähen kannst. Stopfe die Beine beim Festnähen schön fest aus.

FLÜGEL (2X)

Arbeite mit Catania in Apfel.

1. Rd: Häkle 6 fM zu einem magischen Ring (= 6 fM).

2. Rd: Häkle 2 fM in jede fM (= 12 fM).

3. Rd: Häkle 2 fM in jede 2. fM (= 18 fM).

4.-10. Rd: Häkle 18 fM (= 18 fM).

11. Rd: Häkle jede 5. und 6. fM zusammen (= 15 fM).

12. Rd: Häkle jede 4. und 5. fM zusammen (= 12 fM).

13. Rd: Häkle 12 fM (= 12 fM).

Masche ab und schneide den Faden so lang ab, dass du damit die Flügel an den Körper nähen kannst.

Rote Federn auf den Flügeln (2x)

Arbeite mit Catania in Signalrot in der 4. Rd. Häkle 1 fM und eine Lm-Kette aus 7 Lm. Häkle 5 hStb an der Lm-Kette entlang zurück. Häkle wieder 2 fM auf den Flügel. Wiederhole diesen Arbeitsschritt 3x und häkle am Ende eine Lm-Kette, nicht die beiden fM: **1 fM, 3x (7 Lm, 5 hStb zurück, 2 fM), 7 Lm, 5 hStb zurück.**

Masche ab und vernähe den Faden.

Gelbe Federn auf den Flügeln (2x)

Arbeite mit Catania in Sonne in der 6. Rd die gleichen Arbeitsschritte wie bei den roten Federn.

SCHWANZ

Arbeite mit Catania in Apfel.

1. Rd: Häkle 6 fM zu einem magischen Ring (= 6 fM).

2. Rd: Häkle 2 fM in jede fM (= 12 fM).

3.-10. Rd: Häkle 12 fM (= 12 fM).

Masche ab und schneide den Faden so lang ab, dass du damit den Schwanz an den Körper nähen kannst.

Rote Federn auf dem Schwanz

Arbeite mit Catania in Signalrot in der 3. Rd.

Häkle 1 fM und eine Lm-Kette aus 16 Lm. Häkle 14 hStb an der Lm-Kette entlang zurück. Häkle wieder 2 fM. Wiederhole diesen Arbeitsschritt 2x und häkle am Ende eine Lm-Kette, nicht die beiden fM:

1 fM, 2x (16 Lm, 14 hStb zurück, 2 fM), 16 Lm, 14 hStb zurück.

Gelbe Federn auf dem Schwanz

Arbeite mit Catania in Sonne in der 5. Rd die gleichen Arbeitsschritte wie bei den roten Federn.

Grüne Federn auf dem Schwanz

Arbeite mit Catania in Apfel in der 7. Rd die gleichen Arbeitsschritte wie bei den roten Federn.

ROTES BARETT

Arbeite mit Catania in Signalrot.

1. Rd: Häkle 6 fM zu einem magischen Ring (= 6 fM).

Häkle ab jetzt nur hStb.

2. Rd: Häkle 2 hStb in jede fM (= 12 hStb).
3. Rd: Häkle 2 hStb in jede M (= 24 hStb).
4. Rd: Häkle 2 hStb in jede 2. M (= 36 hStb).
5. Rd: Häkle 2 hStb in jede 3. M (= 48 hStb).
6. Rd: Häkle 2 hStb in jede 4. M (= 60 hStb).
7. Rd: Häkle 2 hStb in jede 5. M (= 72 hStb).
8. Rd: Häkle 2 hStb in jede 6. M (= 84 hStb).

Häkle ab jetzt nur fM.

9. Rd: Häkle jede 6. und 7. M zusammen (= 72 fM).
10. Rd: Häkle jede 5. und 6. fM zusammen (= 60 fM).
11. Rd: Häkle jede 4. und 5. fM zusammen (= 48 fM).
12. Rd: Häkle jede 7. und 8. fM zusammen (= 42 fM).
13. Rd: Stich nur in die vorderen M-Glieder. Häkle 42 fM (= 42 fM).
14.-15. Rd: Häkle 42 fM (= 42 fM).

Masche ab und vernähe den Faden.

KOPFFEDER (2X)

Arbeite mit Catania in Apfel.

1. R: Häkle eine Lm-Kette aus 8 Lm.
2. R: Häkle 7 fM (= 7 fM).

Masche ab und schneide den Faden so lang ab, dass du damit die Kopffeder auf den Kopf nähen kannst.

SPRECHBLASE

Arbeite mit Catania in Weiß.

1. Rd: Häkle 6 fM zu einem magischen Ring (= 6 fM).
2. Rd: Häkle 2 fM in jede fM (= 12 fM).
3. Rd: Häkle 2 fM in jede 2. fM (= 18 fM).
4. Rd: Häkle 2 fM in jede 3. fM (= 24 fM).
5. Rd: Häkle 2 fM in jede 4. fM (= 30 fM).
6. Rd: Häkle 2 fM in jede 5. fM (= 36 fM).
7. Rd: Häkle 2 fM in jede 6. fM (= 42 fM).
8. Rd: Häkle 2 fM in jede 7. fM (= 48 fM).
9. Rd: Häkle 2 fM in jede 8. fM (= 54 fM).
10. Rd: Häkle 2 fM in jede 9. fM (= 60 fM).
11.-14. Rd: Häkle 60 fM (= 60 fM).
15. Rd: Häkle jede 9. und 10. fM zusammen (= 54 fM).
16. Rd: Häkle jede 8. und 9. fM zusammen (= 48 fM).
17. Rd: Häkle jede 7. und 8. fM zusammen (= 42 fM).
18. Rd: Häkle jede 6. und 7. fM zusammen (= 36 fM).
19. Rd: Häkle jede 5. und 6. fM zusammen (= 30 fM).
20. Rd: Häkle jede 4. und 5. fM zusammen (= 24 fM).

Stopfe die Sprechblase aus, bis du die letzte Rd erreicht hast.

21. Rd: Stich nur in die vorderen M-Glieder. Häkle 6 fM, 3 hStb, 6 Stb, 3 hStb, 6 fM (= 24 fM).
22. Rd: Häkle jede 3. und 4. M zusammen (= 18 fM).
23. Rd: Häkle 3 fM, 3 hStb, 6 Stb, 3 hStb, 3 fM (= 18 fM).
24. Rd: Häkle 18 fM (= 18 fM).
25. Rd: Häkle jede 2. und 3. fM zusammen (= 12 fM).
26.-27. Rd: Häkle 2 fM, 1 hStb, 6 Stb, 1 hStb, 2 fM (= 12 fM).
28. Rd: Häkle immer 2 M zusammen (= 6 fM).
29.-30. Rd: Häkle 6 fM (= 6 fM).

Masche ab und vernähe den Faden. Sticke mit schwarzem Sticktwist wie auf der Abbildung die Buchstaben BLA auf die Sprechblase.

SCHULTERKLAPPE (2X)

Arbeite mit Catania in Golfgrün.

1. R: Häkle eine Lm-Kette aus 4 Lm.
2.-7. R: Häkle 3 fM (= 3 fM), 1 Lm und wende.

Masche ab und schneide den Faden so lang ab, dass du damit eine Schulterklappe auf einen Flügel nähen kannst. Sticke mit Catania in Sonne die Symbole auf die Schulterklappe.

STERN

Arbeite mit Catania in Sonne.

1. Rd: Häkle 5 fM zu einem magischen Ring (5 fM).
2. Rd: Häkle die folgenden M in alle 5 fM: eine Lm-Kette aus 3 Lm, 1 fM in die 2. Lm von der Häkelnd aus, 1 hStb in die letzte Lm, zum Schluss 1 Km.

Masche ab und schneide den Faden so lang ab, dass du damit den Stern auf das Barett nähen kannst.

FERTIGSTELLEN

Sticke in der 22. Rd 4 golfgrüne Streifen auf die Brust und in der 23. Rd 2 gelbe Streifen. Die Flügel nähst du in der 23. Rd an. Die Oberkante der Schulterklappe kommt in der 21. Rd des Körpers und die Unterkante in die 11. Rd der Flügel. Der Schwanz ist in der 31. Rd auf der Rückseite angenäht. Nähe die beiden Kopffedern oben auf den Kopf, die 1. Feder kommt in die 1. Rd und die 2. in die 2. Rd.

Angsthase

SCHWIERIGKEITSGRAD ★☆☆☆☆

Ganz einfach mit den Maschen zu häkeln, die ich vorne erklärt habe.

MATERIAL

* Schachenmayr original Catania (LL 125 m/50 g) in Terracotta (Fb 388), 50 g, und in Crème (Fb 130), Rest
* Füllwatte
* 2 Augen in Braun, ø 12 mm
* Sticktwist in Schwarz für den Mund
* Häkelnadel 3,0 mm

Angsthase hat immer Angst. Kommt die Sonne hinter den Wolken hervor, denkt er, ein Feuer sei ausgebrochen. Prasselt der Regen aufs Hausdach, fürchtet er, es werde geschossen. Und wie sehr man auch versucht, ihn zu beruhigen, bleibt er doch ein ängstlicher Hase. Eines Abends, mitten im Herbst, gab es ein heftiges Gewitter. Angsthase versuchte wieder, sich nicht zu fürchten. Aber wie sehr er sich auch bemühte, es gelang nicht ... Er wischte sich mit seinem Ohr eine Träne aus dem Auge und entdeckte dabei etwas sehr Wichtiges: Wenn er seine Angst schon nicht zu überwinden vermag, so kann er sich doch vor ihr verstecken! Und wo kann er sich besser verstecken als hinter seinen eigenen Ohren? Nachdem er das begriffen hatte, wurde sein Leben deutlich entspannter, und er besucht wieder öfter seine besten Freunde Schmuddel und Komischer Vogel.

KOPF

Arbeite mit Catania in Terracotta.

1. Rd: Häkle 6 fM zu einem magischen Ring (= 6 fM).
2. Rd: Häkle 2 fM in jede fM (= 12 fM).
3. Rd: Häkle 2 fM in jede 2. fM (= 18 fM).
4. Rd: Häkle 2 fM in jede 3. fM (= 24 fM).
5. Rd: Häkle 24 fM (= 24 fM).
6. Rd: Häkle 2 fM in jede 8. fM (= 27 fM).
7. Rd: Häkle 2 fM in jede 9. fM (= 30 fM).
8. Rd: Häkle 2 fM in jede 10. fM (= 33 fM).
9. Rd: Häkle 2 fM in jede 11. fM (= 36 fM).
10. Rd: Häkle 2 fM in jede 6. fM (= 42 fM).

11.-16. Rd: Häkle 42 fM (= 42 fM).

17. Rd: Häkle jede 6. und 7. fM zusammen (= 36 fM).
18. Rd: Häkle jede 5. und 6. fM zusammen (= 30 fM).
19. Rd: Häkle jede 4. und 5. fM zusammen (= 24 fM).
20. Rd: Häkle jede 3. und 4. fM zusammen (= 18 fM).

Setze die Augen mit einem Abstand von 9 M in der 13. Rd ein. Stopfe den Kopf aus, bis du die letzte Rd erreicht hast.

21. Rd: Häkle jede 2. und 3. fM zusammen (= 12 fM).
22. Rd: Häkle immer 2 fM zusammen (= 6 fM).

Masche ab und vernähe den Faden.

SCHNAUZE

Arbeite mit Catania in Crème.

1. Rd: Häkle 6 fM zu einem magischen Ring (= 6 fM).
2. Rd: Häkle 2 fM in jede fM (= 12 fM).

Masche ab und vernähe den Faden.

KÖRPER

Arbeite mit Catania in Terracotta.

1. Rd: Häkle 6 fM zu einem magischen Ring (= 6 fM).
2. Rd: Häkle 2 fM in jede fM (= 12 fM).
3. Rd: Häkle 2 fM in jede 2. fM (= 18 fM).
4. Rd: Häkle 2 fM in jede 3. fM (= 24 fM).
5. Rd: Häkle 2 fM in jede 4. fM (= 30 fM).
6. Rd: Häkle 2 fM in jede 5. fM (= 36 fM).
7. Rd: Stich nur in die hinteren M-Glieder.
   Häkle 36 fM (= 36 fM).

8.-9. Rd: Häkle 36 fM (= 36 fM).

10. Rd: Häkle jede 11. und 12. fM zusammen (= 33 fM).
11. Rd: Häkle jede 10. und 11. fM zusammen (= 30 fM).
12. Rd: Häkle jede 9. und 10. fM zusammen (= 27 fM).
13. Rd: Häkle jede 8. und 9. fM zusammen (= 24 fM).
14. Rd: Häkle jede 7. und 8. fM zusammen (= 21 fM).
15. Rd: Häkle jede 6. und 7. fM zusammen (= 18 fM).
16. Rd: Häkle jede 5. und 6. fM zusammen (= 15 fM).
17. Rd: Häkle jede 4. und 5. fM zusammen (= 12 fM).

Stopfe den Körper aus. Masche ab und schneide den Faden so lang ab, dass du damit den Körper an den Kopf nähen kannst.

ARME (2X)

Arbeite mit Catania in Terracotta.

1. Rd: Häkle 6 fM zu einem magischen Ring (= 6 fM).

2.-12. Rd: Häkle 6 fM (= 6 fM).

Masche ab und schneide den Faden so lang ab, dass du damit die Arme an den Körper nähen kannst.

BEINE (2X)

Beginne mit Catania in Crème.

1. Rd: Häkle 6 fM zu einem magischen Ring (= 6 fM).
2. Rd: Häkle 2 fM in jede fM (= 12 fM).
3. Rd: Häkle 2 fM in jede 2. fM (= 18 fM). Fb-Wechsel: weiter mit Catania in Terracotta.

4.-6. Rd: Häkle 18 fM (= 18 fM).

7. Rd: Häkle jede 2. und 3. fM zusammen (= 12 fM).

8.-9. Rd: Häkle 12 fM (= 12 fM).

Stopfe die Beine aus. Masche ab und schneide den Faden so lang ab, dass du damit die Beine an den Körper nähen kannst.

SCHWANZ

Arbeite mit Catania in Crème.

1. Rd: Häkle 6 fM zu einem magischen Ring (= 6 fM).
2. Rd: Häkle 2 fM in jede fM (= 12 fM).

3.-4. Rd: Häkle 12 fM (= 12 fM).

Stopfe den Schwanz aus. Masche ab und schneide den Faden so lang ab, dass du damit den Schwanz an den Körper nähen kannst.

OHREN (2X)

Arbeite mit Catania in Terracotta.

1. Rd: Häkle 6 fM zu einem magischen Ring (= 6 fM).
2. Rd: Häkle 2 fM in jede fM (= 12 fM).
3. Rd: Häkle 2 fM in jede 2. fM (= 18 fM).
4. Rd: Häkle 2 fM in jede 3. fM (= 24 fM).
5. Rd: Häkle 2 fM in jede 4. fM (= 30 fM).
6. Rd: Häkle 2 fM in jede 5. fM (= 36 fM).

7.-11. Rd: Häkle 36 fM (= 36 fM).

12. Rd: Häkle jede 11. und 12. fM zusammen (= 33 fM).

13.-17. Rd: Häkle 33 fM (= 33 fM).

18. Rd: Häkle jede 10. und 11. fM zusammen (= 30 fM).

19.-25. Rd: Häkle 30 fM (= 30 fM).

26. Rd: Häkle jede 4. und 5. fM zusammen (= 24 fM).

27.-33. Rd: Häkle 24 fM (= 24 fM).

34. Rd: Häkle jede 3. und 4. fM zusammen (= 18 fM).

35.-40. Rd: Häkle 18 fM (= 18 fM).

Masche ab und schneide den Faden so lang ab, dass du damit die Ohren an den Kopf nähen kannst.

FERTIGSTELLEN

Sticke mit schwarzem Garn eine Schnauze zwischen die Augen. Nähe die Arme in der Rd direkt unter dem Kopf an. Die Beine werden zwischen der 6. und 10. Rd an den Körper genäht, die Ohren in Höhe der 5. Rd an den Kopf.

Komischer Vogel

SCHWIERIGKEITSGRAD ★★☆☆☆

Beim Schwanz gut aufpassen, ansonsten ist Komischer Vogel genauso einfach wie Angsthase.

MATERIAL

* Schachenmayr original Catania Grande (LL 63 m/50 g) in Weiß (Fb 3106), Orange (Fb 3281), Signalrot (Fb 3115) und Capri (Fb 3284), je 50 g
* Füllwatte
* 1 Auge in Blau, ø 12 mm
* 1 Auge in Grün, ø 12 mm
* Häkelnadel 3,0 mm

Komischer Vogel denkt oft das eine, sagt dann aber genau das Gegenteil. Er traut sich nicht zu sagen, was er möchte. So besuchte Komischer Vogel eines Tages seinen Freund Schmuddel. Sie tranken etwas, und Komischer Vogel erblickte eine wunderschöne antike Vase auf Schmuddels Anrichte. „Was für eine herrliche Vase!", dachte er. „Und wie schade, dass sie hier zwischen dem ganzen Gerümpel in Schmuddels Schmuddelhaus stehen muss. Hätte ich doch nur so eine schöne Vase. Und ein so schönes Haus. An einem so schönen Ort. Mit so vielen schönen Dingen. Ich würde einen üppigen Blumenstrauß in die Vase stellen, das Haus hübsch streichen und einen gepflegten Garten anlegen, dann sähe es aus wie in einem Schloss! Ach, wäre das schön! Es ist so schade, dass Schmuddel immer so unordentlich ist ..." Da stieß Schmuddel sein Glas mit Holunderbeersaft um, kümmerte sich aber überhaupt nicht darum und sagte zu Komischer Vogel: „Schöne Vase, oder? Die ist eines Tages einfach hier aufgetaucht. Die hättest du bestimmt gerne, oder?" – „Überhaupt nicht!", schrie Komischer Vogel. „Ich brauche deine Vase nicht. Und dein Haus auch nicht! Und deinen schönen Garten, den will ich erst recht nicht!"

± 15 cm

Kopf, Körper und Arme häkelst du nach der gleichen Anleitung wie Angsthase (siehe Seite 61). Häkle diese Körperteile jedoch mit Catania Grande in Weiß.

SCHNABEL

Arbeite mit Catania Grande in Orange.

1. Rd: Häkle 4 fM zu einem magischen Ring (= 4 fM).
2. Rd: Häkle 4 fM (= 4 fM).
3. Rd: Häkle 2 fM in jede 2. fM (= 6 fM).
4. Rd: Häkle 6 fM (= 6 fM).
5. Rd: Häkle 2 fM in jede fM (= 12 fM).

Masche ab und schneide den Faden so lang ab, dass du damit den Schnabel an den Kopf nähen kannst.

BEINE (2X)

Arbeite mit Catania Grande in Orange.

1. Rd: Häkle 6 fM zu einem magischen Ring (= 6 fM).
2. Rd: Häkle 2 fM in jede fM (= 12 fM).
3. Rd: Häkle 2 fM in jede 2. fM (= 18 fM).

4.-6. Rd: Häkle 18 fM (= 18 fM).

7. Rd: Häkle jede 2. und 3. fM zusammen (= 12 fM).

8.-9. Rd: Häkle 12 fM (= 12 fM).

Stopfe die Beine aus. Masche ab und schneide den Faden so lang ab, dass du damit die Beine an den Körper nähen kannst.

HAHNENKAMM (3X)

Arbeite mit Catania Grande in Signalrot.

1. Rd: Häkle 6 fM zu einem magischen Ring (= 6 fM).
2. Rd: Häkle 2 fM in jede fM (= 12 fM).

3.-6. Rd: Häkle 12 fM (= 12 fM).

Stopfe die Hahnenkämme aus. Masche ab und schneide den Faden so lang ab, dass du damit die 3 Hahnenkämme an den Kopf nähen kannst.

SCHWANZ

Arbeite mit Catania Grande in Signalrot.

1. Lage Federn

1. R: Häkle eine Lm-Kette aus 22 Lm.
2. R: Häkle 20 hStb (= 20 fM), 2 Lm und wende.
3. R: Häkle 6 fM, 16 Lm (= 20 fM).
4. R: Häkle 20 hStb (20), 2 Lm und wende.
5. R: Häkle 6 fM, 16 Lm (= 20 fM).
6. R: Häkle 20 hStb (= 20 fM), 2 Lm und wende.
7. R: Häkle 6 fM, 16 Lm (= 20 fM).
8. R: Häkle 20 hStb (= 20 fM), 2 Lm und wende.
9. R: Häkle 6 fM, 16 Lm (= 20 fM).
10. R: Häkle 20 hStb (= 20 fM).

Masche ab und schneide den Faden so lang ab, dass du damit die 1. Lage Federn an den Körper nähen kannst.

2. Lage Federn

1. R: Häkle eine Lm-Kette aus 22 Lm.
2. R: Häkle 20 hStb (= 20 fM), 2 Lm und wende.
3. R: Häkle 6 fM, 16 Lm (= 20 fM).
4. R: Häkle 20 hStb (= 20 fM), 2 Lm und wende.
5. R: Häkle 6 fM, 16 Lm (= 20 fM).
6. R: Häkle 20 hStb (= 20 fM), 2 Lm und wende.
7. R: Häkle 6 fM, 16 Lm (= 20 fM).
8. R: Häkle 20 hStb (= 20 fM).

Masche ab und schneide den Faden so lang ab, dass du damit die 2. Lage Federn auf die 1. nähen kannst.

3. Lage Federn

1. R: Häkle eine Lm-Kette aus 22 Lm.
2. R: Häkle 20 hStb (= 20 fM), 2 Lm und wende.
3. R: Häkle 6 fM, 16 Lm (= 20 fM).
4. R: Häkle 20 hStb (= 20 fM), 2 Lm und wende.
5. R: Häkle 6 fM, 16 Lm (= 20 fM).
6. R: Häkle 20 hStb (= 20 fM).

Masche ab und schneide den Faden so ab, dass du damit die 3. Lage Federn auf die 2. nähen kannst.

FLIEGE

Arbeite mit Catania Grande in Capri.

Häkle einen Kreis aus 6 fM zu einem magischen Ring und schließe ihn mit 1 Km. Masche ab und schneide den Faden so lang ab, dass du damit die Fliege an den Körper nähen kannst. An beide Seiten des Kreises häkelst du jeweils ein Dreieck, das du am Kreis beginnst:

1. R: Häkle mit einem neuen Faden 2 fM (= 2 fM), 1 Lm und wende.

2. R: Häkle 2 fM in beide fM (= 4 fM), 1 Lm und wende.
3. R: Häkle 4 fM (= 4 fM).
Masche ab und vernähe den Faden.

FERTIGSTELLEN

Die Arme und Beine werden wie bei Angsthase angenäht. Nähe den 1. Hahnenkamm genau oben auf den Kopf. Dann platzierst du die beiden anderen in einer geraden Linie dahinter. Nähe die 1. Lage Federn an den Rücken, und zwar mit der Unterseite in die 7. Rd. Nähe die beiden anderen Lagen Federn aufeinander. Auf dem Foto kannst du gut erkennen, wie die Federn aufeinandergenäht werden.

Schmuddel

MATERIAL

* Schachenmayr original Catania (LL 125 m/50 g) in Orange (Fb 281), Crème (Fb 130) und Terracotta (Fb 388), je 50 g
* Schachenmayr original Catania (LL 125 m/50 g) in Schwarz (Fb 110), Rest
* Füllwatte
* 2 Augen in Rot, ø 12 mm
* 1 Auge in Schwarz, ø 6 mm
* Sticktwist in Schwarz
* Häkelnadel 3,0 mm

SCHWIERIGKEITSGRAD ★★☆☆☆

Etwas schwieriger als Angsthase – es gibt ein paar Farbwechsel, und es müssen einige Flicken aufgenäht werden.

Schmuddel sammelt alles. Das ist sein liebstes Hobby, von dem jedoch nicht alle begeistert sind. Sehr oft schon hat Angsthase ihn gebeten: „Schmuddel, räum' doch endlich mal auf! Gleich stolpere ich noch über irgendetwas, und dann? Dann ist es zu spät!" Angsthase kann gar nicht hinsehen, wenn jemand wie Komischer Vogel Schmuddel besucht. Stell' dir vor, es würde jemand hinfallen und sich verletzen! Was dann? Es herrscht ein unbeschreibliches Durcheinander bei Schmuddel. Aber Schmuddel macht das nichts aus. Was seine Freunde auch zu ihm sagen, er zuckt nur mit den Schultern oder tut so, als habe er nichts gehört. Es wäre doch auch nicht richtig, denkt er bei sich. Ich heiße doch nicht umsonst Schmuddel?

± 15 cm

KOPF

Beginne mit Catania in Orange.

1. Rd: Häkle 6 fM zu einem magischen Ring (= 6 fM).
2. Rd: Häkle 2 fM in jede fM (= 12 fM).
3. Rd: Häkle 2 fM in jede 2. fM (= 18 fM).
4. Rd: Häkle 2 fM in jede 3. fM (= 24 fM).
5. Rd: Häkle 24 fM (= 24 fM).
6. Rd: Häkle 2 fM in jede 8. fM (= 27 fM).
7. Rd: Häkle 2 fM in jede 9. fM (= 30 fM).
8. Rd: Häkle 2 fM in jede 10. fM (= 33 fM).
9. Rd: Häkle 2 fM in jede 11. fM (= 36 fM).
10. Rd: Häkle 2 fM in jede 6. fM (= 42 fM).
11.-12. Rd: Häkle 42 fM (= 42 fM).
13. Rd: Häkle 42 fM (= 42 fM). Fb-Wechsel: weiter mit Catania in Crème.
14.-16. Rd: Häkle 42 fM (= 42 fM).
17. Rd: Häkle jede 6. und 7. fM zusammen (= 36 fM).
18. Rd: Häkle jede 5. und 6. fM zusammen (= 30 fM).
19. Rd: Häkle jede 4. und 5. fM zusammen (= 24 fM).
20. Rd: Häkle jede 3. und 4. fM zusammen (= 18 fM).

Setze die 12 mm großen Augen mit einem Abstand von 9 M in der 13. Rd ein. Stopfe den Kopf aus, bis du die letzte Rd erreicht hast. Setze das 6 mm große Auge als Nase genau mittig zwischen die Augen in der 15. Rd ein.

21. Rd: Häkle jede 2. und 3. fM zusammen (12).
22. Rd: Häkle immer 2 fM zusammen (6).

Masche ab und vernähe den Faden.

Den Körper häkelst du genauso wie den Körper von Angsthase (siehe Seite 61), arbeite jedoch mit Catania in Orange.

OHREN (2X)

Beginne mit Catania in Schwarz.

1. Rd: Häkle 4 fM zu einem magischen Ring (= 4 fM).
2. Rd: Häkle 4 fM (= 4 fM).
3. Rd: Häkle 2 fM in jede 2. fM (= 6 fM). Fb-Wechsel: weiter mit Catania in Orange oder Terracotta.
4. Rd: Häkle 6 fM (= 6 fM).
5. Rd: Häkle 2 fM in jede fM (= 12 fM).
6. Rd: Häkle 2 fM in jede 2. fM (= 18 fM).
7.-8. Rd: Häkle 18 fM (= 18 fM).
9. Rd: Häkle 2 fM in jede 3. fM (= 24 fM).
10. Rd: Häkle 24 fM (= 24 fM).

Masche ab und schneide den Faden so lang ab, dass du damit die Ohren an den Kopf nähen kannst.

BEINE (2X)

Beginne mit Catania in Crème. Die Zehen häkelst du genauso wie die Beine von Minimiez (siehe Seite 53).

1. Rd: Häkle 6 fM zu einem magischen Ring (= 6 fM).
2. Rd: Häkle 2 fM in jede fM (= 12 fM). Fb-Wechsel: weiter mit Catania in Orange oder Terracotta.
3. Rd: Häkle 2 fM in jede 2. fM (= 18 fM).
4. Rd: Häkle 18 fM (= 18 fM). Fb-Wechsel: weiter mit Catania in Crème.
5. Rd: Häkle die Zehen in die nächsten 4 fM: 4x (2 DStb, 1 fM), weiter mit Catania in Orange oder Terracotta, 14 fM (= 18 fM).
6. Rd: Häkle 18 fM (= 18 fM).
7. Rd: Häkle jede 2. und 3. fM zusammen (= 12 fM).
8.-9. Rd: Häkle 12 fM (= 12 fM).

Stopfe die Beine aus. Masche ab und schneide den Faden so lang ab, dass du damit die Beine an den Körper nähen kannst.

ARME (2X)

Beginne mit Catania in Crème.

1. Rd: Häkle 6 fM zu einem magischen Ring (= 6 fM).
2.-3. Rd: Häkle 6 fM (= 6 fM). Fb-Wechsel: weiter mit Catania in Schwarz.
4. Rd: Häkle 6 fM (= 6 fM). Fb-Wechsel: weiter mit Catania in Orange.
5.-12. Rd: Häkle 6 fM (= 6 fM).

Masche ab und schneide den Faden so lang ab, dass du damit die Arme an den Körper nähen kannst.

SCHWANZ

Beginne mit Catania in Crème.

1. Rd: Häkle 6 fM zu einem magischen Ring (= 6 fM).
2. Rd: Häkle 2 fM in jede 2. fM (= 9 fM).
3. Rd: Häkle 9 fM (= 9 fM).
4. Rd: Häkle 2 fM in jede 3. fM (= 12 fM).
5. Rd: Häkle 12 fM (= 12 fM). Fb-Wechsel: weiter mit Catania in Schwarz.
6. Rd: Häkle 2 fM in jede 2. fM (= 18 fM).
7. Rd: Häkle 18 fM (= 18 fM). Fb-Wechsel: weiter mit Catania in Orange.
8. Rd: Häkle 2 fM in jede 3. fM (= 24 fM).
9. Rd: Häkle 2 fM in jede 4. fM (= 30 fM).
10. Rd: Häkle 2 fM in jede 5. fM (= 36 fM).
11.-14. Rd: Häkle 36 fM (= 36 fM).
15. Rd: Häkle jede 5. und 6. fM zusammen (= 30 fM).
16. Rd: Häkle 30 fM (= 30 fM).
17. Rd: Häkle jede 4. und 5. fM zusammen (= 24fM).
18. Rd: Häkle 24 fM (= 24 fM).
19. Rd: Häkle jede 7. und 8. fM zusammen (= 21 fM).
20. Rd: Häkle 21 fM (= 21 fM).

Stopfe den Schwanz aus, bis du die letzte Rd erreicht hast.

21. Rd: Häkle jede 6. und 7. fM zusammen (= 18 fM).
22.-23. Rd: Häkle 18 fM (= 18 fM).
24. Rd: Häkle jede 5. und 6. fM zusammen (= 15 fM).
25. Rd: Häkle jede 4. und 5. fM zusammen (= 12 fM).
26.-30. Rd: Häkle 12 fM (= 12 fM).

Masche ab und schneide den Faden so lang ab, dass du damit den Schwanz an den Körper nähen kannst.

FLICKEN AUF DEM BAUCH

Arbeite mit Catania in Crème.

1. Rd: Häkle 6 fM zu einem magischen Ring (= 6 fM).
2. Rd: Häkle 2 fM in jede fM (= 12 fM).
3. Rd: Häkle 2 fM in jede 2. fM (= 18 fM).

Masche ab und schneide den Faden so lang ab, dass du damit den Flicken auf den Bauch nähen kannst.

FLICKEN AUF DEM KOPF

Arbeite mit Catania in Crème.

1. R: Häkle eine Lm-Kette aus 5 Lm.

2.-4. R: Häkle 4 fM (= 4 fM).

Masche ab und schneide den Faden so lang ab, dass du damit den Flicken auf den Kopf nähen kannst.

FLICKEN AUF DEM SCHWANZ

Arbeite mit Catania in Terracotta.

1. R: Häkle eine Lm-Kette aus 9 Lm.

2.-4. R: Häkle 8 fM (= 8 fM).

Masche ab und schneide den Faden so lang ab, dass du damit den Flicken auf den Schwanz nähen kannst.

FERTIGSTELLEN

Die Arme und Beine werden genauso angenäht wie bei Angsthase. Sticke die Flicken mit schwarzem Sticktwist auf. Sticke mit Sticktwist einen kleinen Mund. Lege die Ohren halb zusammen und nähe sie in der 4.-9. Rd an den Kopf.

Miesepeter

SCHWIERIGKEITSGRAD ★★☆☆☆

Nur ein paar Farbwechsel, ansonsten ist Miesepeter ganz einfach zu häkeln.

Miesepeter ist eigentlich immer schlecht gelaunt und das hat seinen Grund: Als er einmal auf einer Faschingsparty eingeladen war, wollte er sich als Superheld verkleiden. Aber es kam anders. Das einzige Kostüm, das seine Mutter für ihn hatte, war ein Bienenkostüm. Notgedrungen musste er es anziehen. Doch jetzt war er nicht der coole Macker, sondern nur der liebe Kleine … Und wegen dieser fürchterlichen Enttäuschung reagiert er jetzt noch manchmal ziemlich „stachelig“. Und obwohl sein Kostüm magische Kräfte zu haben scheint und er fleißig Zumba trainiert, denkt er, die anderen Freunde von DenDennis nähmen ihn noch immer nicht richtig ernst.

MATERIAL

* Schachenmayr original Catania (LL 125 m/50 g) in Soft Apricot (Fb 263), Schwarz (Fb 110), Sonne (Fb 208) und Weiß (Fb 106), je 50 g
* Füllwatte
* 2 Augen in Braun, ø 12 mm
* Sticktwist in Schwarz
* Häkelnadel 3,0 mm

KOPF

Beginne mit Catania in Soft Apricot.

1. Rd: Häkle 6 fM zu einem magischen Ring (= 6 fM).
2. Rd: Häkle 2 fM in jede fM (= 12 fM).
3. Rd: Häkle 2 fM in jede 2. fM (= 18 fM).
4. Rd: Häkle 2 fM in jede 3. fM (= 24 fM).
5. Rd: Häkle 2 fM in jede 4. fM (= 30 fM).
6. Rd: Häkle 2 fM in jede 5. fM (= 36 fM).
7. Rd: Häkle 2 fM in jede 6. fM (= 42 fM).
8. Rd: Häkle 2 fM in jede 7. fM (= 48 fM).
9. Rd: Häkle 2 fM in jede 8. fM (= 54 fM).

10.-18. Rd: Häkle 54 fM (= 54 fM).

19. Rd: Häkle jede 8. und 9. fM zusammen (= 48 fM).
20. Rd: Häkle jede 7. und 8. fM zusammen (= 42 fM).
21. Rd: Häkle jede 6. und 7. fM zusammen (= 36 fM).
22. Rd: Häkle jede 5. und 6. fM zusammen (= 30 fM).
23. Rd: Häkle jede 4. und 5. fM zusammen (= 24 fM).

Setze die Augen mit einem Abstand von 9 M in der 16. Rd ein.

Stopfe den Kopf aus, bis du die letzte Rd erreicht hast.

24. Rd: Häkle jede 3. und 4. fM zusammen (= 18 fM).
25. Rd: Häkle jede 2. und 3. fM zusammen (= 12 fM).
26. Rd: Häkle immer 2 fM zusammen (= 6 fM).

Masche ab und vernähe den Faden.

NASE

Arbeite mit Catania in Soft Apricot.

1. Rd: Häkle 6 fM zu einem magischen Ring (= 6 fM).

2.-3. Rd: Häkle 6 fM (= 6 fM).

Masche ab und schneide den Faden so lang ab, dass du damit die Nase an den Kopf nähen kannst.

OHREN (2X)

Arbeite mit Catania in Soft Apricot.

1. Rd: Häkle 5 fM zu einem magischen Ring (= 5 fM).
2. Rd: Häkle 2 fM in jede fM (= 10 fM).

3.-4. Rd: Häkle 10 fM (= 10 fM).

Masche ab und schneide den Faden so lang ab, dass du damit die Ohren an den Kopf nähen kannst.

KÖRPER

Beginne mit Catania in Schwarz.

1. Rd: Häkle 6 fM zu einem magischen Ring (= 6 fM).
2. Rd: Häkle 2 fM in jede fM (= 12 fM).
3. Rd: Häkle 2 fM in jede 2. fM (= 18 fM).
4. Rd: Häkle 2 fM in jede 3. fM (= 24 fM).
5. Rd: Häkle 2 fM in jede 4. fM (= 30 fM).

Fb-Wechsel: weiter mit Catania in Sonne.

6.-7. Rd: Häkle 30 fM (= 30 fM).

8. Rd: Häkle jede 9. und 10. fM zusammen (= 27 fM).

Fb-Wechsel: weiter mit Catania in Schwarz.

9. Rd: Häkle 27 fM (= 27 fM).
10. Rd: Häkle jede 8. und 9. fM zusammen (= 24 fM).
11. Rd: Häkle jede 7. und 8. fM zusammen (= 21 fM).

Fb-Wechsel: weiter mit Catania in Sonne.

12. Rd: Häkle jede 6. und 7. fM zusammen (= 18 fM).
13. Rd: Häkle jede 5. und 6. fM zusammen (= 15 fM).
14. Rd: Häkle 15 fM (= 15 fM).

Stopfe den Körper aus. Masche ab und schneide den Faden so lang ab, dass du damit den Körper an den Kopf nähen kannst.

FÜSSE UND BEINE (2X)

Beginne mit Catania in Schwarz.

1. R: Häkle eine Lm-Kette aus 7 Lm.
2. Rd: Häkle 5 fM, 3 fM in die letzte fM, weiter auf der anderen Seite der Lm-Kette 4 fM, 2 fM in die letzte fM (= 14 fM).
3. Rd: Häkle 2 fM in die 1., 7., 8. und 14. fM (= 18 fM)
4. Rd: Häkle 2 fM in die 2., 8., 11. und 17. fM (= 22 fM).
5. Rd: Stich nur in die hinteren M-Glieder. Häkle 22 fM (= 22 fM).
6. Rd: Häkle 22 fM (= 22 fM).
7. Rd: Häkle die 7. und 8., 9. und 10., 11. und 12., 13. und 14., 15. und 16. fM zusammen (= 17 fM).
8. Rd: Häkle die 5. und 6., 7. und 8., 9. und 10., 11. und 12., 13. und 14. fM zusammen (= 12 fM). Fb-Wechsel: weiter mit Catania in Soft Apricot.

Stopfe die Füße aus, bis du die letzte Rd erreicht hast.

9. Rd: Häkle die 1. und 2., 11. und 12. fM zusammen (= 10 fM).

10.-12. Rd: Häkle 10 fM (= 10 fM).

13. Rd: Häkle immer 2 fM zusammen (= 5 fM).

Stopfe die Beine aus. Masche ab und schneide den Faden so lang ab, dass du damit die Beine an den Körper nähen kannst.

ARME (2X)

Arbeite mit Catania in Soft Apricot.

1. Rd: Häkle 6 fM zu einem magischen Ring (= 6 fM).

2. Rd: Häkle 2 fM in jede fM (= 12 fM).

3.-4. Rd: Häkle 12 fM (= 12 fM).

5. Rd: Häkle immer 2 fM zusammen (= 6 fM).

6.-16. Rd: Häkle 6 fM (= 6 fM).

Masche ab und schneide den Faden so lang ab, dass du damit die Arme an den Körper nähen kannst.

STACHEL

Arbeite mit Catania in Weiß.

1. Rd: Häkle 4 fM zu einem magischen Ring (= 4 fM).

2.-4. Rd: Häkle 4 fM (= 4 fM).

5. Rd: Häkle 2 fM in jede 2. fM (= 6 fM).

6. Rd: Häkle 6 fM (= 6 fM).

Masche ab und schneide den Faden so lang ab, dass du damit den Stachel an den Körper nähen kannst.

FLÜGEL (2X)

Arbeite mit Catania in Weiß.

1. Rd: Häkle 5 fM zu einem magischen Ring (= 5 fM).

2. Rd: Häkle 2 fM in jede fM (= 10 fM).

3. Rd: Häkle 2 fM in jede 2. fM (= 15 fM).

4.-6. Rd: Häkle 15 fM (= 15 fM).

7. Rd: Häkle jede 2. und 3. fM zusammen (= 10 fM).

8. Rd: Häkle immer 2 fM zusammen (= 5 fM).

Masche ab und schneide den Faden so lang ab, dass du damit die Flügel an den Körper nähen kannst.

MÜTZE

Beginne mit Catania in Schwarz.

1. Rd: Häkle 6 fM zu einem magischen Ring (= 6 fM).

2. Rd: Häkle 2 fM in jede fM (= 12 fM).

3. Rd: Häkle 2 fM in jede 2. fM (= 18 fM).

4. Rd: Häkle 2 fM in jede 3. fM (= 24 fM). Fb-Wechsel: weiter mit Catania in Sonne.

5. Rd: Häkle 2 fM in jede 4. fM (= 30 fM).

6. Rd: Häkle 2 fM in jede 5. fM (= 36 fM).

7. Rd: Häkle 2 fM in jede 6. fM (= 42 fM). Fb-Wechsel: weiter mit Catania in Schwarz.

8. Rd: Häkle 2 fM in jede 7. fM (= 48 fM).

9. Rd: Häkle 2 fM in jede 8. fM (= 54 fM).

10. Rd: Häkle 2 fM in jede 18. fM (= 57 fM). Fb-Wechsel: weiter mit Catania in Sonne.

11.-13. Rd: Häkle 57 fM (= 57 fM). Fb-Wechsel: weiter mit Catania in Schwarz.

14.-16. Rd: Häkle 57 fM (= 57 fM). Fb-Wechsel: weiter mit Catania in Sonne.

17.-19. Rd: Häkle 57 fM (= 57 fM). Fb-Wechsel: weiter mit Catania in Schwarz.

20.-22. Rd: Häkle 57 fM (= 57 fM).
Masche ab und schneide den Faden so lang ab, dass du damit die Mütze hinten an den Körper nähen kannst.

FÜHLER (2X)

Arbeite mit Catania in Schwarz.

1. R: Häkle eine Lm-Kette aus 12 Lm.
2. R: Häkle 10 hStb (= 10 fM).

Masche ab und nähe die Fühler auf die Mütze.

FERTIGSTELLEN

Nähe die Mütze über 4 fM an den Körper. Die Arme werden 1 Rd unterhalb des Kopfes angenäht. Der Stachel befindet sich hinten genau in der Mitte zwischen Miesepeters Beinen. Zwischen den Flügeln bleibt etwas Platz, sie sitzen also nicht direkt nebeneinander. Sticke mit schwarzem Sticktwist die Miesepeterigen Augenbrauen und einen geraden Mund knapp unter die Nase.

Nadel-Ninja

SCHWIERIGKEITSGRAD ★★★★☆

Um mit dieser Wolle zu häkeln, brauchst du etwas Übung. Wenn du lieber eine andere Wolle verwenden möchtest, sollte sie etwas dicker sein, oder du nimmst eine größere Häkelnadel.

Nadel-Ninja ist ein Mann der Ehre, er handelt nur nach seinem Gewissen. So ist er praktisch der Samurai unter den doch recht außergewöhnlichen Freunden von DenDennis. Da der coole Nadel-Ninja fürchtet, Ziegen könnten nachts frieren, weil sie kein dickes Fell haben, strickt er mit seinen magischen Stricknadeln Wollpullis für sie. Nach Mitternacht zieht er dann los, um Ziegen zu verwandeln – in Schafe! Seine Oma hat das früher auch so gemacht.

MATERIAL

* Schachenmayr original Catania (LL 125 m/50 g) in Soft Apricot (Fb 263) und Schwarz (Fb 110), je 50 g
* Schachenmayr original Tabby (LL 100 m/50 g) in Hellgrau (Fb 90), 50 g
* Füllwatte
* 2 Augen in Blau, ø 12 mm
* Häkelnadel 3,0 mm

KOPF UND OHREN

Kopf und Ohren werden genauso wie bei Miesepeter (siehe Seite 71) gehäkelt, nur nimmst du anstelle der braunen Augen blaue.

NASE

Arbeite mit Catania in Soft Apricot.

1. Rd: Häkle 6 fM zu einem magischen Ring (= 6 fM).

2.-3. Rd: Häkle 6 fM (= 6 fM).

Masche ab und schneide den Faden so lang ab, dass du damit die Nase an den Kopf nähen kannst.

KÖRPER

Beginne mit Catania in Schwarz.

1. Rd: Häkle 6 fM zu einem magischen Ring (= 6 fM).
2. Rd: Häkle 2 fM in jede fM (= 12 fM).
3. Rd: Häkle 2 fM in jede 2. fM (= 18 fM).
4. Rd: Häkle 2 fM in jede 3. fM (= 24 fM).
5. Rd: Häkle 2 fM in jede 4. fM (= 30 fM).

6.-7. Rd: Häkle 30 fM (= 30 fM). Fb-Wechsel: weiter mit Catania in Soft Apricot.

8. Rd: Häkle jede 9. und 10. fM zusammen (= 27 fM).
9. Rd: Häkle 27 fM (= 27 fM).
10. Rd: Häkle jede 8. und 9. fM zusammen (= 24 fM).
11. Rd: Häkle jede 7. und 8. fM zusammen (= 21 fM).
12. Rd: Häkle jede 6. und 7. fM zusammen (= 18 fM).
13. Rd: Häkle jede 5. und 6. fM zusammen (= 15 fM).
14. Rd: Häkle 15 fM (= 15 fM).

Stopfe den Körper aus. Masche ab und schneide den Faden so lang ab, dass du damit den Körper an den Kopf nähen kannst.

FÜSSE (2X)

Beginne mit Catania in Schwarz.

1. R: Häkle eine Lm-Kette aus 7 Lm.
2. Rd: Häkle 5 fM, 3 fM in die letzte fM, weiter auf der anderen Seite der Lm-Kette 4 fM, 2 fM in die letzte fM (= 14 fM).
3. Rd: Häkle 2 fM in die 1., 7., 8. und 14. fM (= 18 fM).
4. Rd: Häkle 2 fM in die 2., 8., 11. und 17. fM (= 22 fM). Fb-Wechsel: weiter mit Catania in Soft Apricot.
5. Rd: Stich nur in die hinteren M-Glieder. Häkle 22 fM (= 22 fM).
6. Rd: Häkle 22 fM (= 22 fM).
7. Rd: Häkle die 7. und 8., 9. und 10., 11. und 12., 13. und 14., 15. und 16. fM zusammen (= 17 fM).
8. Rd: Häkle die 5. und 6., 7. und 8., 9. und 10., 11. und 12., 13. und 14. fM zusammen (= 12 fM). Fb-Wechsel: weiter mit Catania in Schwarz.

Stopfe die Füße aus, bis du die letzte Rd erreicht hast.

9. Rd: Häkle die 1. und 2., 11. und 12. fM zusammen (= 10 fM).

10.-12. Rd: Häkle 10 fM (= 10 fM).

13. Rd: Häkle immer 2 fM zusammen (= 5 fM).

Masche ab und vernähe den Faden. Sticke mit schwarzem Sticktwist einen Strich oberhalb der Zehen auf, damit es so aussieht, als ob Nadel-Ninja Flipflops trüge.

ARME (2X)

Arbeite mit Catania in Soft Apricot.

1. Rd: Häkle 6 fM zu einem magischen Ring (= 6 fM).
2. Rd: Häkle 2 fM in jede fM (= 12 fM).

3.-4. Rd: Häkle 12 fM (= 12 fM).

5. Rd: Häkle immer 2 fM zusammen (= 6 fM).

6.-16. Rd: Häkle 6 fM (= 6 fM).

Masche ab und schneide den Faden so lang ab, dass du damit die Arme an den Körper nähen kannst.

MANTEL

Tabby lässt sich nicht ganz einfach häkeln und erfordert etwas Erfahrung. Man kann die einzelnen M nicht erkennen, also muss man nach Gefühl häkeln und die M dabei immer mitzählen. Wenn eine Rd nicht ganz stimmt, kannst du am Ende aber immer etwas schummeln.

Arbeite mit Tabby in Hellgrau.

Beginne bei der Kapuze

1. R: Häkle eine Lm-Kette aus 43 Lm.

2.-11. R: Häkle 40 Stb (= 40 Stb), 3 Lm und wende (Abb. 1).

Lege das Häkelstück aufeinander und häkle eine Seite mit 20 fM zusammen (Abb. 2).

Jetzt geht's mit dem Mantel weiter (Abb. 3)

1. R: Häkle an die Seite der Kapuze 22 fM (= 22 fM), 1 Lm und wende.

2.-4. R: Häkle 22 fM (= 22 fM), 1 Lm und wende.

5. R: Häkle 3 fM, 3 Lm, überspringe 3 fM, 10 fM, 3 Lm, überspringe 3 fM, 3 fM (= 22 fM), 1 Lm und wende.

6.-10. R: Häkle 22 fM (= 22 fM), 1 Lm und wende.

11. R: Häkle 2 fM in die 9., 10., 11. und 12. fM (= 26 fM), 1 Lm und wende.

12.-14. R: Häkle 26 fM (= 26 fM), 1 Lm und wende.

15. R: Häkle 2 fM in die 12., 13., 14. und 15. fM (= 30 fM), 1 Lm und wende.

16.-20. R: Häkle 30 fM (= 30 fM), 1 Lm und wende.

Masche ab und vernähe den Faden.

Häkle jetzt mit Catania in Schwarz 2 Rd fM um den gesamten Mantelrand herum. Masche ab und der Mantel ist fertig.

FERTIGSTELLEN

Die Arme und Beine werden genau wie bei Miesepeter angenäht. Stecke dann 2 lange Holzstäbchen (z. B. Schaschlikspieße) so durch die Hände, dass es aussieht, als hielte Nadel-Ninja sie fest. Fertige aus einem kleinen Rest Tabby-Wolle einen kleinen Wollknäuel, mit dem Nadel-Ninja die Mäntel für seine Ziegen stricken kann.

Abb. 1

Abb. 2

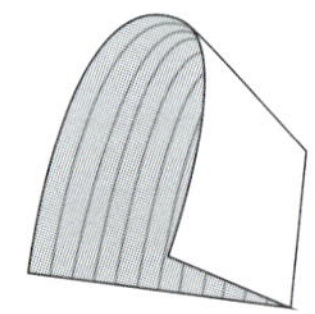

Abb. 3

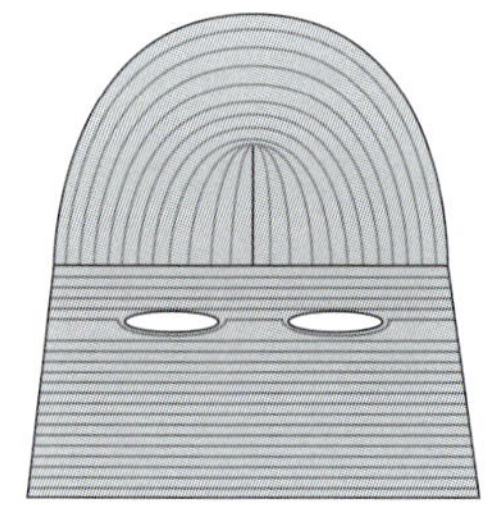

SCHLAFMÜTZ'

KUMPEL

SUPPENHUHN

DENDENNIS

ROTZNASE

VIERAUGE
ANGSTHASE
KOMISCHER VOGEL
SCHMUDDEL
QUASSELKOPP
KATZENLADY
MIESEPETER
NADEL-NINJA

Ohne die kreative Hilfe meiner Mutter, ohne die Unterstützung meiner Familie, meiner Kollegen und Freunde, ohne die Motivation durch Echtstudio, ohne die Zeit, Aufmerksamkeit und Liebe meiner Freundin und meiner Tochter, ohne das Vertrauen von Tririon Creatief und ohne die Begeisterung aller in den sozialen Netzwerken wäre dieses Buch niemals zustande gekommen. Hiermit danke ich euch allen von ganzem Herzen!

Auf zum nächsten Abenteuer